사춘기, 기적을 부르는 대화법

孩子長大，你的說話方式也要跟著成長

召喚奇蹟的青春期對話法

目錄 CONTENTS

第二部

反映青春期孩子特質的三種對話法

第三部
提高自尊的三種對話法

第四部
坦率表達情感的三種對話法

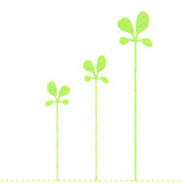

序

當了十幾年的父母，您辛苦了

一直以來，我們都爲別人鼓掌，但在這個時刻，請爲身爲父母十多年的自己鼓掌。爲孩子把屎把尿、噓寒問暖、梳洗裝扮……在照顧幼小生命的過程中，必然有很多感恩和快樂，但相信也有很多時候，是以辛苦和焦急的心情度過。辛苦了，現在就帶著愛和安慰的心情，給無時無刻不以父母身分努力的自己，熱烈的掌聲和支持吧！

孩子出生後經過十幾個年頭，準備開始迎接另一個階段的苦惱和成長，而這也是我們身爲父母能夠爲孩子守護，最珍貴、最美麗的時期。

我在中學當了三十多年的老師。深刻體會青春期是人類成長過程中最燦爛、最耀眼的時期，度過這段時期的中學生們既可愛，卻也很辛苦。每個人擁有不同面貌的燦爛笑容，各種嘹亮或細微的聲音，輕易就能撼動教室。每天都會遇到新的問題，要面對自己不足和脆弱的樣子。我自己的孩子在青春期也很煎熬，經歷了許多矛盾衝突，有時對父母大聲吶喊，但也免不了低頭道歉的時刻。和孩子起爭執時，看著有話直說的孩子，我心裡總是會想：「以前我不敢這樣和父母說話吧，總是膽顫心驚深怕捱罵，現在的我爲何要承受這些……」但因爲愛孩子，也只能默默強忍著眼淚。

直到有一天，我聽見孩子堅決地說：「我不要！」「我的想法和妳不一樣！」當下我不禁自問：

「我的人生意義是什麼？」

「我到底是爲了什麼而活？」

因爲一直都把注意力放在孩子身上，所以是不是忽略了自己和這個世界？因此決定好好關心家有青春期子女的「我自己」。「好，從現在開始，每週至少抽一段時間做自己想做的事，去學點什麼、運動、閱讀、聽音樂會、喝下午茶、散步、打電話給老朋友、存錢和孩子一起去旅行……我要好好享受生活。」

看到父母生活中快樂幸福的樣子，是對青春期孩子最有益的學習。唯有父母幸福地生活，孩子才能享受生活，才會覺得人生是美好的、值得好好過每一天。加油！隨著青春期孩子的成長，我們也將成長爲更成熟的大人。因爲我們是父母。

對話創造新關係

對話不僅傳達訊息和想法，還能創造新的關係。當人們透過對話感受到尊重時，就會向對方敞開心扉。好的對話可以讓人感受愉快的日常，激發好好生活的欲望。與愛自己、尊重自己的對象對話會成爲重要的記憶，長久守護我們的人生。

期待青春期的孩子都能成長爲熱愛自己生活，能夠透過對話表達自己想法的人。**讓青春期孩子現在與未來都能幸福最重要的關鍵，就是在父母身上學習到尊重和傾聽他人的對話法。**

本書一共分爲四部：改變關係的三種對話法、反映青春期孩子特質的三種對話法、提高自尊的三種對話法，以及坦率表達情感的三種對話法，總共整理了十二種對話法。由我最愛的女兒金智秀回顧她自己的青春期，細心閱讀原稿的每一篇文章，與我一起合作完成。感謝編輯與設計團隊的辛勞，讓這本書順利出版。感謝每一位愛孩子，願意分享與子女的對話經驗給大家，同時持續努力把更好的世界留給孩子的人們。

第一部

改變關係的
三種對話法

青春期的青少年雖然嘴上說「我自己會看著辦」，但站在父母的立場，仍覺得他們年紀還小，因此感到不安。小時候給予無條件的保護，等到孩子長大成人就應該相信孩子能夠自立並放手，但是介於兩種時期之間的青春期，要保持適當距離又不失保護，在情感上眞的很難拿捏，不管對父母或孩子來說都一樣。

青春期的孩子很難再像小時候一樣，對父母言聽計從，因爲青春期是一段不再以父母的要求爲主，而是以自己需求爲中心成長的時期。青春期的孩子會追求更多符合自己想法和個性的事，渴望成爲自己的主人。也可以說，**這是一段爲了將來能完全不依賴父母，過著獨立的成年人生活而形成「自我認同」的「人生轉換期」。**

孩子在與父母完全不同的條件和環境中成長，身處的社會在經濟上更富裕、更民主，生活也比父母成長的年代更豐富、更自由。也因此，比起聽從父母的意見，更強調自我表達和自我權利的要求。

日新月異的科技和資訊也對青少年文化產生了影響。隨著時代變化，爲了培養青春期的孩子成爲自己生活的主人，親子關係也應該轉化爲相互尊重。

父母對待青春期孩子的態度和說話方式，如果仍像小時候一樣，只是單方面的教導並不夠，必須透過尊重彼此想法、傾聽意見的對話方式，形成平等的關係。

在這個章節將提出三種對話方法來改變青春期的親子關係，首先是從命令轉變爲疑問的「疑問型對話法」；第二，不迴避問題的「直接對話法」；第三，避免以父母的想法或經驗來推測或斷定的「事實中心對話法」。

這三種對話法反映出親子關係的變化，父母要開始聽取孩子的想法和意見。無論是過去還是現在，青春期都是成長過程中必經的一段，但是與父母所經歷的青春期相比，現在的孩子是世界的主人，應該更有自信地表達並體驗生活。以下會搭配實際對話讓您更容易了解這三種對話的意義，更能夠運用於生活中。

01.
引導想法的疑問型對話法

「你不要管那些問題，好好讀書就好。」

「少管閒事，做好你該做的事就好！」

這是青春期孩子最討厭聽到的話。

青春期的孩子對於這個世界發生的各種問題都很感興趣，不管是家人之間或社會問題，但是像上述那樣命令式的對話只會單方面阻斷孩子的好奇心，讓孩子變得被動，「我又做錯了什麼？」的防衛意識會開始在內心扎根。

與青春期孩子對話需要的是疑問型對話法。

疑問型對話法能讓對話順利進行，同時對話的主導權不在父母，而在孩子身上。命令型的說話方式讓孩子感覺不受尊重，疑問型對話則會幫助孩子成長為自己的主人。

疑問型對話法會傳遞出父母願意傾聽的正面訊息，讓青春期孩子願意多講一點想法、多了解一些事、希望得到更多認可。如果孩子對某個話題感興趣，疑問型對話法可以藉由這個話題拓展出更多對話，可以從孩子口中聽到更多故事，是了解孩子對什麼有興趣、喜歡什麼歌曲、爲什麼喜歡、對什麼樣的人感興趣等最佳機會，因此父母要盡量避免使用「你一定要～」「就算你想也不行～」「嘖嘖～」這些否定、阻止孩子的話。

疑問型對話法並不是要追問「爲什麼那樣？」這種問法只會帶給孩子被追究的感覺。有的父母會說：「我覺得提問好難，要怎麼問才是好問題呢？」其實並不是問出「好問題」，而是問孩子「你想怎麼做？」「你覺得什麼部分很辛苦、很累？」也就是以詢問的方式理解孩子想法，才能安慰和認同孩子的心情。

與青春期孩子對話時，不要用命令的口氣，要換成疑問型對話法。命令型的說話方式是對奴隸使用的話語，疑問型對話則會幫助孩子成長爲主人。

你怎麼想？

學校打電話來，說你上課的時候頂撞老師。

哼，真愛計較，那麼一點事還打電話到家裡來。我只是在課堂上問問題……看來老師很不爽。

你這什麼態度，怎麼可以說老師愛計較，我不用問也可以猜到你上課時是什麼樣子，你最好去向老師道歉。

我不要。

什麼叫你不要。在那麼多同學面前頂撞，老師一定覺得很丟臉，既然做錯了就該道歉啊！

才不是那樣呢！

什麼不是那樣，照媽媽說的去做！

我不要！

拜託你聽話一點！

青春期的孩子常常因爲知道一些事就覺得自己很厲害，想挑戰老師，因此容易與師長發生衝突。這種時候，父母第一個想法多半是擔心孩子被認爲是沒有禮貌、沒有教養的壞學生，所以往往不明就裡，一開口就要孩子道歉，想採取和解的方式盡快結束一切。站在孩子的立場會覺得自己很委屈，因而展開抗辯，看到孩子這樣父母更擔心，就會使用更強烈的命令型話語。

一味維護孩子並不好，但是單方面強求孩子不管怎樣都要對老師有禮貌並服從也不恰當。應該透過對話先理解當時發生了什麼事，孩子當下如何應對，再進一步協助孩子解決問題。比起命令孩子執行父母認爲正確的行爲，這時候更需要採取疑問型對話法來釐清問題。老師打電話給爸媽讓孩子不高興，但老師也是出於關懷，所以父母可以藉由疑問型對話觀察孩子的狀況和心情，引導孩子試著思考老師的立場。

讓我們將上面的對話改成疑問型對話法來看看會有什麼不同。

學校打電話來，說你上課的時候頂撞老師。

哼，眞愛計較，那麼一點事還打電話到家裡來。我只是在課堂上問問題……看來老師很不爽。

你可以告訴我當時的狀況嗎？

因爲老師講解的時候聽不清楚，所以我就請老師大聲一點，結果老師怪我們太吵了。後來我覺得老師講的內容跟我知道的好像不一樣，所以又問了老師，結果他就說不要占用那麼多上課時間，晚一點再說，於是我就問老師爲什麼現在不能說。

當時氣氛應該不是很好吧。

……

媽媽當然是站在你這邊。不過這件事，如果我是老師，也會覺得心裡有些不舒服。你怎麼想呢？

我也有不對的地方啦。

那麼現在該怎麼做比較好？

去向老師道歉？

我覺得那樣做很好。你想到要跟老師說什麼了嗎？

老師對不起，我在課堂上講話不客氣。

時間還早，不如現在就打電話吧。如果沒接，那明天去學校一定要跟老師說喔。

命令式的話語是馴服奴隸用的，是指示，而非給人思考的機會，因爲奴隸只會按照指示行事。奴役的第一步就是禁止提問，只能依照命令做事。同時命令者會評價執行程度，人就是這樣逐漸被馴服。

任何人都會對命令型的話語感到不舒服，青春期的孩子更敏感、更排斥。回想自己在青春期時，是不是有過這樣的經驗，心裡想著「打掃一下房間吧」，正準備去拿清潔工具時，卻聽到大人說：「沒看到家裡亂七八糟的嗎？還不快去打掃！」聽到這種斥責和命令的口氣，當下突然就不想掃了。如果經常聽到指示和命令的話語，心裡很可能會產生莫名的抵抗感。

在親子關係中，平等的尊重很重要。**命令型話語會將父母和孩子區分成指示者和接受指示者，如此一來，親子之間就不是平等關係，而是上對下的垂直關係。**

青春期的孩子渴望獨立，迫切追求自我認同感。因此如果聽到單方面的命令，可能會敏感地認爲自己所有的選擇和意見都不會被接受。因為命令和指示都是單向的訊息，所以很容易讓孩子產生抵抗感，在心裡與父母拉開距離。

命令型和疑問型對話的最大差異，在於尊重對方的心。因為視為平等關係，所以會詢問意見並給予表達意見的機會，這樣才是「對話」。並非只是傳達或強迫孩子接受父母的決定，而是等待他們思考，鼓勵他們表達意見，同時也對自己負責。

疑問型對話法讓孩子有表達的機會，這樣的對話方式才有助於改善關係。青春期的孩子在經濟等各方面還是要依靠父母，在他們的立場很難覺得自己與父母是平等的關係。但是父母若多採用疑問型對話法，就會傳達給孩子「我想聽聽你的想法」「我尊重你的意見」這樣的訊息。

「可以開始了嗎？」

「你有什麼想法？」

「現在你覺得應該怎麼做比較好？」

不要用命令和指示強制停止孩子思考和提問的機會，孩子可能會固執反抗，或因為反抗心引發更大的反應。站在父母的立場，有時會想用強烈的命令來催促孩子，給予警告。而對孩子來說，有時比起自己思考，確實會比較希望得到別人的建議或決定。因此父母必須藉由日常說話方式讓孩子體驗相互尊重的人際關係。盡量少用命令，多用疑問型對話法，讓孩子學習尊重、對等的必經過程。

當孩子不想打掃

你房間是怎麼回事？

我房間怎麼了？

亂七八糟的也不會整理一下。

我自己會看著辦啦！

青春期的孩子非常討厭那種「現在馬上按照我的意思去做」的話語和態度。這個時期的孩子只要感覺到父母和老師這些大人想指示自己往哪個方向去，就會產生抵抗心理。**就算自己也知道那個方向是正確的、是對自己好的，但只要是命令就幾乎無條件抵抗，這就是青春期的特徵。**即便自己也覺得房間很亂，但就是不想照著父母的意思整理。

人都想成爲自己人生的主宰，過著有尊嚴的生活。對孩子來說，青春期雖然還沒準備好獨立生活，但是成爲「生活的主人」這個欲望特別強烈。一旦進入青春期，自我意識便崛起，開始認爲父母和老師想控制自己的生活，想把自己帶到他們想要我去的方向，因此產生反抗，對父母和老師這些大人的言行感到煩躁和無奈。因此父母必須有耐心，即使眼前對孩子的行爲看不順眼，還是要花時間溝通、等待，然後鼓勵。這種時候疑問型對話法就能發揮效果，不要用指責或追究的態度，應該以分享心得的姿態維持與孩子對話才是最重要的。

看來你最近很忙喔。

怎麼突然這麼說？

因爲房間看起來很亂啊。

我自己會整理啦。

好喔。不過你打算什麼時候弄好呢？

星期六之前會整理好。

好，那就期待到時候你的房間煥然一新囉。

當然，疑問型對話法並不能保障結果必然是完美的。上述的例子雖然以疑問型對話圓滿結束，但很可能到星期六還是沒有整理好房間。這時候比起對話，更好的做法是和孩子一起整理。不需要大費周章或太仔細整理，父母只要動手稍微整理一下，給孩子一個輕鬆的笑容提示他就好。先收起對孩子懶惰拖延的不滿，要相信孩子的良心可以被激發。每當孩子回顧自己的行爲，良心就會逐漸成長。嚴厲的訓誡並不能培養良心，因此**疑問型對話法很重要，因爲這種對話方式並非「指示」孩子走哪條路，而是培養孩子自己「尋找」正確道路的思考能力。**

自己選擇和決定的時間

你看起來心情不太好。

和○○吵架了。吼，好煩！

孩子從學校回來，一進門就「砰」地大力甩門，然後把書包扔在一旁。見了父母也不打招呼，一臉怒氣沖沖的表情。此時有些父母會不知道該如何反應，因爲這明顯不是親子之間的問題。想說些什麼卻欲言又止，因爲完全不知道發生了什麼事，草率提出建議會顯得很尷尬。這種時候父母在腦中猜測或針對態度訓斥是完全沒有幫助的，需要的是冷靜轉換情緒並善加運用疑問型對話法。

疑問型對話法可以幫助孩子在生活中遇到問題時，進一步思考、選擇和決定。命令型對話法會要求孩子行動，而疑問型對話法則是將孩子引向思考之路，然後根據自己的想法表達。疑問型對話法的優點，就是可以培養孩子自己思考、表達、決定和行動的能力。

用疑問型對話法，父母和子女之間可以站在對等的位置對話。孩子的想法和父母的期待可能不同，所以用提問的方式切入，在回答問題的過程中，可以培養青少年自己思考和決定的能力，也可以了解到不一定非要按照大人期望的方向走，即使自己的想法與父母不同也沒關係，重點是要適當地表達出來。

想得到幸福，應該擁有什麼？這就取決於自己如何思考，並根據思考後進行選擇和決定的能力。擁有選擇和決定能力的人才能建立責任感、擁有幸福生活。青春期就是要不斷嘗試選擇和決定，期間必然會經歷失誤，這時就聽取大人的建議修正，然後再去體驗，最後一定會做出最適合自己的選擇和決定。

孩子在日常生活中有時會做出違背父母期待的行為，這種時候先別急著發火或糾正，不如問問孩子為什麼會那樣做。透過提問，一起深入了解孩子的想法，並與孩子分享父母的想法。藉由這樣的對話方式，孩子有了表達自己想法的成長機會，也可以從父母身上學到傾聽和好好說話的態度。

你看起來心情不太好？

和〇〇吵架了。吼，好煩！（把書包隨手一丟。）

你們不是很要好嗎？怎麼了？

煩死了，要準備考試，還有好多功課……

可以告訴我發生什麼事嗎？

〇〇跟我借漫畫，我帶去學校給他，結果沒想到他上課偷看被老師沒收。我要他去找老師把漫畫拿回來，沒想到他反而生氣了。我也很生氣啊，就說了點重話，沒想到他居然哭了！眞是有夠誇張……

原來如此。謝謝你告訴我事情經過，有什麼需要我幫忙的嗎？

對話到這裡，孩子們大概都會回答「我自己會處理」，即使孩子什麼都沒說，也只要先給予適度安慰就好。其實光是對父母說出事情原委，得到父母的傾聽及支持，孩子的心境就會完全不同，靠著自己解決問題的信心也會油然而生。

透過反問了解孩子

「老師，這次選舉你要投給誰？」

一到選舉期間，學生就會問這樣的問題。這種時候我通常沒辦法坦率地回答，覺得很爲難。

當被問到很難立即回答的問題時，我通常會把問題拋回去給對方。

「如果是你們會想選什麼樣的人呢？理由是什麼？」傾聽幾名學生的回答後，我會再說：「你們說的都很棒，我會參考大家的意見，好好行使我的投票權。」

在家裡和青春期子女對話時，必然也會有很難立即回答的時候，有些父母會責怪孩子亂問問題，或是直接斥責少管大人的事，不然就是隨便敷衍，說些一點說服力都沒有的答覆。責怪提出問題的孩子，貶低孩子問些沒有用的問題，看似可以掩飾父母無法回答的尷尬，但同時和孩子的關係也會受到影響。這種時候可以先暫停一下，問問孩子的想法，尋找持續對話的機會。

等我以後交了女朋友，可以一起去旅行嗎？

當然可以。

那可以在外面過夜嗎？

？？？

……

你自己覺得什麼時候可以呢？

這種問題通常很難回答，與其馬上擺出一副父母的姿態說教，不如把這個問題丟回給孩子，引導出孩子的想法引，聽取孩子的意見試著給予認同，再加入父母的想法。

「你自己怎麼想？」

「這個問題好難啊，要**怎麼**做才好呢？」

「這個……我想先聽聽你的想法。」

這樣進行提問，讓青春期的孩子有自己思考的時間，父母也有機會了解子女的想法或價值觀。孩子的想法越多，表達就會越多，親子間的對話就會更加豐富有趣。

媽媽爲什麼和爸爸結婚？

因爲喜歡啊。

喜歡哪一點？

你覺得爸爸的哪一點好？

像這樣反問，就能知道站在孩子的立場是如何看父母的。如果媽媽也認同，那麼和孩子的對話就會更契合。

暑假我們家庭旅行要去哪裡？

不知道，你覺得去哪裡好呢？

透過這種方式，在日常生活中多聽取孩子的意見，就能了解孩子的喜好或是有什麼想做的事，親密感也會提高。若父母能好好傾聽子女說話，孩子也會在與父母的對話過程中培養思考的習慣，逐漸成長爲自己的主人，對發生在自己身上的問題具備思考及表達的能力。

面對青春期孩子的問題，父母不一定要告知正確答案，可以讓孩子自己思考和選擇。父母或監護人透過對話，支持他們擁有思考的時間，尊重自己和他人，就能培養出可以做出適當選擇並勇於負責的孩子。

對話就是尊重彼此的想法，並擁有表達自己想法的時間。透過對話，人們有機會進一步思考並慎重做選擇。**透過疑問型對話法學會表達和傾聽，充分體驗對話樂趣的青少年會建立自己的價值觀，不容易受別人擺布，未來的人生都會經過深思熟慮後再做選擇。**

02.

直接對話法

我不想去上學了。

你說什麼？

我說我不要上學了。

……

我想休學。

你在說什麼鬼話？

和青春期的青少年對話並不容易，因爲這個時期的孩子還不習慣把自己遇到的問題整理清楚並表達出來，不過身爲父母在這方面也不一定就做得比較好。

很多父母和孩子在出現問題時，會因爲找不到正確的對話方式而感到不知所措。因爲慌亂，又急於想說些什麼，結果往往含糊其辭，只進行表面的對話，甚至很容易出現命令型對話。這是源於想迴避敏感問題，但又想解決問題的急躁感，最後卻造成令人惋惜的結果。

這種時候需要用直接對話法。出現問題時不能迴避，也不能忽略。以上述的例子來說，不應對孩子提出的「休學」進行主觀評論和判斷，應該一起檢視問題，進行有效的對話以解決問題。

以下就用直接對話法來看看有什麼不同。

我不想去上學了。

爲什麼？

學校一點都不好玩，很無聊。

你覺得哪裡不好玩？哪方面很無聊？

每天都一樣，那些教科書內容無聊又沒意思。

我可以休學嗎？

你想休學啊？學校生活真的讓你覺得那麼痛苦嗎？

……

我沒想到你會覺得那麼痛苦，媽媽沒有早一點察覺到實在很抱歉，現在我們一起來想想該怎麼辦比較好。

直接對話法是當問題出現時，單刀直入的對話方式。這是爲了幫助孩子不要逃避，協助他們進行探索來解決問題。青春期的孩子不能再把他們當成小孩，要視爲可以開始承擔決定，爲自己的選擇負責的個體。透過分享和尊重，父母也要坦率並鄭重地表達身爲父母立場的觀點，進行開放對話。

青春期的青少年可以接受事實，但如果不坦率對話，而使用比喻（隱喻、暗喻），他們反而很難正確理解。而且**不直接說出事實，拐彎抹角的說話方式可能會讓他們認爲自己被排擠、被嘲笑，或是誤以爲父母早就知道一切，只是在試探自己，要自己「自白和反省」，因此容易產生抵抗感。**

使用直接對話法時，請注意以下三點。

第一，態度要真誠。不要用催促的語氣追究責任，也不要一副「我早就知道了，你最好乖乖說出來」的態度，像在審問孩子一樣。要平心靜氣、坦率地說出實話，給孩子表達想法的時間。如果孩子有點驚慌或情緒起伏，建議準備熱茶或孩子喜歡的點心，在沒有壓力的情況下繼續對話。

第二，先不要動氣，心平氣和地說話。以擔心代替訓斥或指責；以關愛取代嫌惡的表達，這樣才能敞開心扉進行對話。爲了讓真摯的心情能夠傳達給孩子，父母得用平靜的態度和聲調說話。

第三，「你回來啦」「路上小心」「我愛你」「謝謝」，多使用這些直接表達關心和愛的話語，和孩子形成相互信賴的關係。早上出門、晚上下班回家見到孩子時，不要劈頭就說：「今天學了些什麼？」「考試考得怎麼樣？」這類確認成果的對話，建議使用上述那些親切表達情感的「日常生活款待式對話」。

青春期孩子的情緒起伏比較大，容易把自己當作世界的中心，因此對於別人對待自己的態度非常敏感。透過每天在日常生活中微小的款待，可以讓孩子感受到「我的存在對父母來說很珍貴」「爸媽會永遠愛我，也會擔心我的安危」這些事實，逐漸累積小小的喜悅和信任。知道自己的存在對父母來說無論何時都是種喜悅，可以幫助孩子建立開放、願意與父母分享的信賴關係。

直接對話法的重點並非加快解決速度或追究責任、給予教訓，而是父母與孩子一起面對問題，合作解決的態度。在這個過程中，子女可以學習到解決問題的能力並成長。而「在日常生活中受到款待」與「謝謝、你很重要、我愛你」這種坦率直接表達心意的話，可以加深彼此間的親密感，提高信賴。

在日常生活中款待對方

「歡迎！」

「很高興見到你。」

人在受到款待時，會感覺自己是一個重要的人，因而看重自己。在社會上，當重要的人現身，大家都會鼓掌歡迎並問候，離開時也誠心歡送。在歡迎和歡送的過程中，人們總是笑得很開心，互相支持，感受快樂，也提高了自身的存在感。

相反地，在日常生活中，如果自己的來去沒有人表示任何反應，自尊會受到很大的傷害。無視對方的來去，是打擊對方自尊的惡劣手段。人們如果覺得自己「不是受到重視的存在」，就會感到不安，時時注意別人的臉色。尤其一直得不到自己重視和喜愛的人重視款待時，自尊更會受到致命的打擊。

在家裡也一樣。當回到家進門說「我回來了」卻沒有人看你一眼、應你一句，大家只顧著做自己的事，久而久之回到家也會變得一聲不響，默默開門進屋。直到突然有人發現：「你什麼時候回來的？」才說：「回來好一陣子了。」演變成這樣不帶情感的對話。

人的自尊是在與他人關係中持續反覆感受到「我的存在是珍貴並重要」而形成。**人們在家庭、學校、工作崗位上被尊重、被視爲重要的一分子，自然會提高自尊感。在家庭中實踐日常的「款待」，可以維護家人的自尊感，爲生活帶來活力。**

從家裡外出後再平安歸來的「款待」，可以讓人感受到自己的重要性。只要持續反覆進行，日常生活就會產生愉悅的氛圍，家人之間也會更尊重彼此、互相珍惜。

比起詢問在外面的成果，不如專注在迎接進門的這個「人」。不管是歡迎或歡送，最好不要說出「今天考試成績怎麼樣？」「要好好念書」「該帶的東西是不是都帶了」這些話。當孩子回來時，只要表達很開心他平安回來；送孩子出門時，表達希望他在外注意安全就好。

我們家也在日常生活中實踐「款待」。老大上高中時，某天出門前我像平常一樣說：「祝你今天一切順利。」孩子穿好了鞋，拎著書包，很認真地看著我，然後說道：

媽媽。

嗯？

妳這麼喜歡我啊？

正是這種心情，這才是最重要的。要從日常生活中感受到「原來你這麼喜歡我，如此珍惜我」，彼此才能成爲坦誠對話的關係。

當然囉，我們○○是世界上最棒的孩子。

孩子聽了故作無奈地嘆了口氣，然後小聲說道：

那我也得認眞努力了。

是啊，你是很重要的存在，所以你的朋友也一樣……

好，好，我知道了。

實踐款待的故事

在研習會時，我對坐在臺下的父母們強調款待的重要，還出了作業給他們，並在第二天的課程中分享。以下就介紹幾個例子。

事例 1

「我的孩子真是沒良心。」

「怎麼說？」

「我每天都那樣熱情地展現款待，歡迎他們回家。但某天我比較晚回家，他們卻沒有一個從房間出來迎接，真是讓我失望。」

「我完全理解你的心情。有些事明明知道是好的，但如果沒有養成習慣，還是會很難實踐。下次，你可以主動敲敲孩子的房門說：『我回來了。你今天過得好嗎？』給予一些慰問。要相信家人的心，由自己做起，如果在日常生活習慣了接受歡送和歡迎，孩子就會發生改變。」

事例 2

「我在孩子很小的時候就很積極實踐款待。然而小時候總是笑得很燦爛，熱情回應的孩子，進入青春期後就變了，回到家連正眼都不看我一眼就走開。有時甚至一聲不吭悄悄回來，然後又悄悄地走進房間鎖上門。那個當下我真的很難過。

儘管如此，我依然像以前一樣真心地送孩子出門，再迎接他回來。雖然只有我單方面進行這樣的款待，但總比什麼都不做好，家庭氣氛確實也有改善，所以一直堅持著。不知不覺，孩子似乎過了青春期，成長了不少，現在孩子出門前如果沒看到我，還會到處找我。

有一次我正好在洗手間，孩子敲門大聲說：『我要出門了～』讓我嚇了一跳，忍不住笑了，也在洗手間大聲回應：『好。路上小心！謝謝你跟我說。我愛你喔～』孩子進入青春期，個性會變得很彆扭，故意無視父母制定的規則，但是我一如既往地熱情款待、等待，孩子其實都知道，隨著時間而成長，總會慢慢感受父母的愛並接納。

現在孩子已經長大成人了，如果我外出時間太久，還會發訊息來問『什麼時候回來』，當我回到家，甚至還會到門口來迎接我呢。」

所有生命都像你一樣珍貴

聽說你捉弄了朋友。

冤枉啊！我們本來玩得好好的，我只是開個玩笑……

明天去向朋友道歉。

可是我又沒對他使用暴力。

站在朋友的立場，感受不一樣啊。

……

答應我明天就去向朋友道歉。

若孩子欺負比自己弱小的人或捉弄朋友，就必須使用直接對話法溝通。青春期的孩子對暴力的界定範圍理解不足，常常認爲只有動手打人才叫暴力，忽略了自己過度的言行也會造成傷害，是另一種形式的暴力。同時這個時期的孩子比較不會考慮他人的立場，主觀認爲自己沒有不好的意圖就沒有錯。因此父母應該與孩子深入交談，幫助孩子確認言行是否有不當之處，否則孩子無法具體認知到自己犯了什麼錯誤。

我的孩子會去鬧學校同學或鄰居家的孩子，已經很多次了，但孩子說是因爲跟朋友很要好才會開玩笑。我眞的很不喜歡他那個樣子。

這種時候，不能以「這個年紀本來就是這樣」而敷衍過去。不能因爲不知道該怎麼說，或認爲長大一點就會改變而迴避問題，反而更應該積極面對。毆打是暴力，故意做對方不喜歡的行爲也是暴力，重複對方討厭的話或行動都是暴力，父母必須提醒孩子。

尊重他人、珍惜生命是不容忽視的重要課題，如果現在不馬上進行對話解決，孩子越長越大，就會越來越難和別人建立關係。必須要和孩子達成共識，認眞面對問題行爲和話語。

暴力不僅是肢體上的侵擾，刻意說對方不喜歡聽的話、做出對方不喜歡的動作或眼神也屬於暴力的一種。家人間或朋友間都不該重複對方討厭的行爲，所以一定要明確地讓孩子了解。

不僅如此，**不管是人或動物，只要是生命都該尊重與珍惜。要告訴孩子，你是很珍貴的存在，其他生命也是，這是很重要的，必須一再強調。**如果孩子的行爲出現了問題，就要一起面對，果斷、準確地告訴孩子應該向受到影響的人道歉，甚至父母也要做好準備，有必要的話和子女一起道歉。要能尊重在日常生活中遇到的人，視他們如自己一樣珍貴，就要改變自己的言行，親切待人，這些都應該在日常生活中實踐，成爲習慣。

當孩子說髒話

雖然知道孩子和朋友在一起難免會說髒話，但是聽到他在父母面前口出惡言還是讓我有點驚慌。該怎麼辦呢？

青少年在父母面前罵人或說出不雅的話，很多時候並非針對父母，而是平時養成的習慣，不自覺脫口而出。這種時候單純指責「怎麼可以說髒話」「你在父母面前說這什麼話，太不應該了」，很難解決問題。習慣是無法以單方面的訓斥或規範強制改變，這時父母反而應該持續與孩子對話，引導他回顧自己的言行，作爲改變習慣的契機。

可以用「你這是在罵人嗎」的疑問型對話開始。

你這是在罵人嗎？

我不是針對媽媽。

那你是針對誰，爲什麼要這樣說呢？

我沒有針對誰，只是覺得很煩嘛。

你也對老師這樣說嗎？

什麼老師，上課都在講廢話。

怎麼可以這樣說呢？

哎呀，煩死了！又不是只有我這樣。

最近學校生活很累吧，到底是什麼讓你覺得這麼累呢？

說了妳也不會懂。

我知道很難，但是不能用這樣的說話方式解決問題，我們來看看到底怎麼了。媽媽愛你，你的一切對我來說都很重要，你先試著說說發生了什麼事，媽媽跟你一起想辦法。

重點不是單方面地把責任推在孩子身上，在確認問題的同時，要認同孩子情緒上可能會有的不滿與不悅，並讓孩子明白，用粗暴的語言表達並非正確方式。

如果和孩子持續對話，父母也會發現，比起解決問題，彼此因情緒糾結而爭執、口出惡言，都是在迴避問題的本質。孩子當然知道說粗話罵人不好，若有機會和孩子談論這些問題，也能藉此讓孩子練習分享自己的內心故事。

父母時時刻刻都愛著孩子，在持續對話的過程中，孩子絕對比父母的價值觀或面子更重要，父母必須要讓孩子知道自己是最珍貴的存在。

事例

以下是某個諮商的例子。這位母親的孩子在青春期也常常口出惡言，讓她非常困擾。

因爲訓斥完全沒有效果，所以她開始觀察孩子，發現孩子主要是在玩遊戲的時候特別會說不雅的字眼。因爲是線上遊戲，看不到對方，加上好勝心強，情緒使然下會罵得更兇。發現這一點後，這位媽媽便找機會與孩子進行對話。

媽媽先問孩子那樣罵粗話會讓情況變好嗎？孩子回答「罵人不會讓情況好轉，反而可能會變得更壞」，於是媽媽順勢與孩子繼續對話。

媽媽爲什麼那麼在意罵髒話這件事。

如果別人罵你，你會有什麼感覺？

當然不開心啊。

是啊，因爲聽到別人罵自己會感到不開心、會生氣，所以可能會發生更大的衝突。而且經常罵人，久了就會變成習慣，甚至在你不想罵人的時候也會不由自主說出不好聽的話，我很擔心這樣會造成別人的誤會。

媽媽妳想太多了，我才不會搞不清楚狀況亂罵人咧！妳不用擔心，那種事我還分辨得出來。

好，我們○○很聰明，媽媽相信你一定會理智地判斷狀況。

在對話中肯定孩子，並讓孩子知道無論何時媽媽都愛著自己。這樣的對話方式，比起斥責孩子、命令孩子不准罵人的效果要好很多，後來孩子也漸漸改掉隨口說髒話罵人的習慣。這類型的對話過程，對青春期孩子來說也會帶來很好的影響。

孩子好像會抽菸

當發現自己的孩子會抽菸時，父母一定會很擔心影響孩子的健康，也會擔心孩子的交友狀況，該怎麼跟孩子溝通呢？

與其到處試探，不如直接問孩子：「○○啊，你會抽菸嗎？」同時在詢問之前，父母最好先模擬一下如何應對孩子可能會有的兩種回答。

第一種可能是直接又簡短的「嗯！」一聲，完全沒有否認。

聽到這樣的回答，父母通常會很驚慌，心想：「怎麼一點遲疑都沒有馬上就承認了呢？膽子也太大了，看來問題很嚴重。」接下來就不難猜測會說出什麼話了。

「你是在炫耀什麼嗎？」

「你都不會覺得不好意思喔？還敢厚著臉皮說『嗯』啊？」

這些指責貶抑的話，也是我們小時候犯錯認錯時，經常聽到大人們說的話。但現在我們知道不應該那樣反應，孩子需要的是能引導思考的對話。

你有什麼想法？

什麼？

關於青少年吸菸的事……

我知道對身體不好。

這也是我最擔心的一點，你覺得應該怎麼辦才好？

我會自己看著辦。

那你想怎麼做呢？

可以表明父母願意提供幫助，一起尋找解決方法。有的父母會用斥責或強行制止孩子的方式，但是透過對話引導孩子自己思考解決辦法，將來遇到父母不在身邊時，才有能力自己解決問題。

第二種回答是「我沒有！」一味否認。

聽到孩子這樣回答，父母會想：「還敢說謊啊？太明顯了，其實我都知道，你就老老實實地承認吧！」這種對話也很難持續。與其立即尋求解決之道，不如把重點放在與孩子的約定，給他一點時間。以下也舉個例子說明。

真的嗎？

我沒有抽啦，要說幾遍啊。

我也希望你沒有，因為身體健康很重要，我希望你不要傷害自己的身體。

我自己會看著辦啦。

你會怎麼做？

反正我會處理嘛。

你會處理就好，因為我知道並不容易，所以如果你需要幫助，隨時都可以告訴我。戒菸有很多方法……

就這樣延續話題，以直接對話法和疑問型對話法交互使用。爲了不讓孩子有被質問、質疑的感覺，雖然直率，但語氣要溫柔。

同時，要詢問孩子對問題的看法，爲了解決問題必須如何努力，並傾聽孩子的回答，一起討論，這是很重要的。

戒菸不是件容易的事。如果父母能夠不指責、不追究，在專家的幫助下持續努力，孩子一定會發生變化。當然，在這個過程中，父母還要積極表達愛和關心，讓孩子知道自己是多麼珍貴的存在，未來的日子還很長，必須維持健康人生才能走得長遠。

03.
事實中心對話法

「你不要管那些問題，好好讀書就好。」

「少管閒事，做好你該做的事就好！」

所謂事實中心對話法就是把焦點放在講述問題與實際狀況的對話法。不指責孩子的態度或趁機宣洩平時累積的不滿，只集中於透過問題得知的狀況和父母的擔心來進行對話。

態度、過去的失誤、對未來不樂觀的推測等，這些非實際狀況的陳述會讓青春期孩子覺得受到攻擊，因此激發抗拒的心理和態度來反擊父母。事實中心對話法是將孩子本身和行爲區分開來，也就是客觀看待問題行爲，並表達父母心意的對話法。

下面就來看看與考試期間因爲朋友聚會晚歸的孩子對話的狀況。

現在才回來，都幾點了？

和朋友一聊就忘了時間……

眞了不起啊，馬上就要考試了，還和朋友聊天聊到這麼晚……

……

如果要晚點才回來，那至少應該打電話說一聲啊，都沒想過爸爸媽媽會擔心嗎？

這時候孩子可能會無言地看著爸媽，然後轉頭進房間，甚至「砰」一聲大力甩門。比起父母的擔心，孩子感受到更多的是咄咄逼人的指責。

上述的例子中，父母很擔心孩子，所以重點應該是把「這麼晚了還沒回家很擔心」這個事實告訴孩子。但在對話中卻只是指責孩子不打電話回家、和朋友聊天聊得太晚，評論孩子是個不在乎父母心情的人，最後當然會弄得不歡而散。

接下來的對話我們試著改用事實中心對話法。**步驟1**先確認孩子說話的內容或父母的提問以及觀察得知的事實。**步驟2**描述這種狀況身爲父母會有什麼樣的感受和心情。**步驟3**簡單說出希望孩子以後可以怎麼做。

今天比較晚喔。

和朋友聊天，一聊就忘了時間……

（步驟1）原來和朋友在一起啊。

（步驟2）可是這麼晚了也沒打個電話回來，我會很擔心耶。

對不起，本來想早點回來的……

（步驟3）以後如果有事會晚點回來，一定要發個訊息或打電話，不然爸媽會很擔心你的安全。晚上和朋友聊得很愉快吧？不過快考試了，還是要先靜下心來準備喔。

我知道，我先整理一下就去念書。

青春期的孩子心裡容易感到不安、不穩定，還無法有條理地表達，說話時也很容易受到情緒影響，聲音、表情、動作都會因此而改變。

大部分青少年犯錯後多少會意識到自己的錯誤，但因為這時期比較敏感，如果一開始就受到指責訓斥，那麼就算有意承認錯誤，也會先擺出防衛的姿態。

遇到問題時，比起教訓孩子、追究責任，更重要的是幫助孩子解決問題。事實中心對話法就是爲了表達父母的愛，以及想提供協助的心意。

比起指責孩子說話的態度或追究責任，更應該把焦點放在成爲問題的事件以及父母的心意。1.先確認孩子說話的內容或父母的提問以及觀察得知的事實。2.描述這種狀況身爲父母會有什麼樣的感受和心情。3.簡單說出希望孩子以後可以怎麼做。

沒有良心？

接下來是父母得知孩子翹課好幾次沒去補習班後，與孩子的對話。

聽說你今天又沒去補習班。

……

這是第幾次了？

對不起，其實是因爲……

上次旣然已經保證不再蹺課，就應該遵守承諾啊！
你怎麼這麼沒良心啊？

沒良心？

你以爲我不會發現是嗎？

才不是那樣！

做錯事就要反省，還敢那麼大聲，你那是什麼態度？

青春期的孩子應該去補習班卻偷偷蹺課，被發現後遭到訓斥的狀況時有所聞。一般來說，當錯誤行爲被揭發，孩子心裡通常會有反省的想法，但往往因爲父母的過度指責，像是用「沒有良心」這樣打擊人格的話，反而讓孩子惱羞成怒，受到傷害，問題非但沒有解決，更加深親子之間的鴻溝。

針對孩子的錯誤的行爲提問時，最好運用事實中心對話法。不要一味指責，更不要說出貶低人格的話，也要避免說出「眞擔心你的未來」或「看來不該對你寄予厚望」這類打擊孩子信心的話。

父母應該趁這個機會了解孩子有什麼苦惱、有什麼困難，根據事實討論下一步該如何進行。

以下就換成事實中心對話法來看看有何不同。

今天補習班打電話來，說你有好幾天都沒去上課。

……

發生什麼事了嗎？

對不起，其實是因爲……

原來是那樣啊。（步驟1）謝謝你告訴我，（步驟2）但下次提早讓我知道比較好。（步驟3）對了，你在補習班上課覺得還好嗎？

這個部分我也蠻希望可以討論的。

學習是你自己的選擇，你可以先整理好想法再跟我說。

我知道了。

那明天你想好要怎麼做了嗎？

我會先去上課，其他的我再想想。

對於孩子的錯誤，父母與其自己猜疑、推測、評斷，不如直接問孩子。比起在出現問題時嚴厲訓斥孩子，更重要的是好好幫助孩子。父母先敞開心扉，給孩子時間說出自己的想法和苦惱，是幫助孩子茁壯成長的最好方法。

區分態度和事實

週末希望全家人能一起吃早餐，於是把還在睡的孩子叫醒。來看一下會發生什麼對話。

〇〇啊，快起來吃早餐了。

週末放假，我要再多睡一會兒。

哎呀，一放假就只知道睡覺，我們全家人最近都沒有好好一起吃早餐。

放過我吧！而且，我也不是每天都睡那麼晚啊。

瞧你這什麼態度，講那是什麼話啊！

不然要我怎樣啦？

原本希望一家人開開心心吃早餐的對話越來越不對勁，這時候孩子恐怕會連聲抱怨「煩死了」，對話主題開始出現分歧，從一起吃早餐轉移到孩子的態度問題。來看看用事實中心對話法會有什麼改變。

○○啊，快起來吃飯。

週末放假，我要再多睡一會兒。

（步驟1）還想再睡一下是嗎？（步驟2）可是難得週末全家人都在，希望可以一起吃早餐。還是你覺得幾點吃比較好呢？

放過我吧，你們自己先吃就好啦！

沒有你一起吃飯就沒意思了啊，沒關係，我們晚一點再吃。現在時間是八點半，你覺得幾點可以呢？

我可以再睡兩個小時嗎？

（步驟3）好。那你也折衷一下，我們就十點後再吃吧，你繼續睡，我十點十分來叫你好了。

我知道了。

和孩子對話時，以事實爲中心，不要擴大爲孩子的人格或態度問題，這一點很重要。如果以事實爲中心進行對話，聽者在情緒上會比較平穩，較能感受到對話者的善意並接受對方。

小混混？

青春期的孩子重視外表，會用衣服或髮型來表現自己的個性，而青少年的喜好也與大人不同，因此常會發生衝突。來看看下面的例子。

哇！爺爺眞是太屌了。

怎麼這樣說爺爺？

爺爺不也說我是小混混。

爺爺哪有說你是小混混。那是因爲看你穿的衣服像小混混一樣邋遢，要媽媽幫你買衣服啊。

還不就是那個意思。

我不是也跟你說過那件衣服不好，媽媽先替你向爺爺道歉，爺爺不是也向你道歉了嗎？

是沒錯啦，爺爺後來有向我道歉了。

你以後要聽話，不要在親戚面前讓爸媽丟臉……

齁，媽媽妳怎麼也和爺爺一樣。

你說什麼？你那是什麼態度？

與青春期孩子對話時，如果從造成問題的語言和行動擴大到態度或服裝，他們就會採取非常具有攻擊性的姿態。因爲覺得自尊受到了傷害，他們希望大人「認同我原本的樣子」，不想把問題擴大到人格。在這種情況下，比起指責，父母更需要先緩一緩，坦率直接地說出希望孩子配合的事項。以下轉換成事實中心對話法來看看。

哇！爺爺眞是太屌了。

怎麼這樣說爺爺？

爺爺不也說我是小混混。

爺爺的意思並不是說你是小混混，而是指你的衣服看起來太邋遢，要媽媽買衣服給你。（步驟1）

還不是一樣。

站在大人的立場上的確有可能那樣認爲，不過媽媽有解釋你的喜好比較特別，於是爺爺問我要怎麼做才能和你和解，我請他可以向你表達歉意。（步驟2）

是沒錯啦，爺爺後來有向我道歉了。

長輩們以前生活的時代和現在很不一樣，所以你也要體諒一下喔。（步驟3）

比起態度，必須更聚焦於說話的內容

這是我在中學擔任班導師時發生的事。當時地方的文化藝術中心打算開設青少年音樂劇研習營，於是我找了平時對音樂劇感興趣的學生過來。

老師您找我嗎？

對，快過來。

是。

不過你這是怎麼回事？

什麼？

你現在這是什麼態度？

有什麼事請快點說吧，我也很忙。

？？

那天孩子顯得特別不耐煩，催促我快點把話說完，我則是對那孩子吊兒郎當的態度感到反感。

老師找我到底有什麼事？

是這樣的……

就在我開始說的時候，響起了午休時間結束的鈴聲，那孩子隨即點頭示意就離開了。

那天因為忙，後來也沒再找孩子過來，直到晚上才和他通電話。我把父母同意書等需準備的文件傳給他，還提醒他注意事項。都是因為在學校時太在意孩子的態度和服裝，結果錯過了真正可以聚焦討論的時機，只能在晚上以電話討論。如果下午能與孩子面對面談話，我相信孩子聽到有研習機會一定會很開心的。

青春期的孩子遇到以服裝和髮型判斷自己的人時，通常會產生距離感，並因此警戒。所以在與孩子說話時，請把重點放在孩子說的內容，看著孩子的眼睛進行對話，不能因為孩子的態度而忽略了說話的內容。

青春期的青少年會以自己認為重要的內容為中心，缺乏全面性的判斷，很容易受到情緒影響而說出不理性的話。他們在說話時會受情緒影響，聲音、表情、肢體動作也會因此改變，不安地擺手、抖腳、歪頭聳肩等，而這些動作在大人眼中，就是毛毛躁躁的態度。

比起對話內容，更重視態度的人在與青少年進行對話之前，很容易先把焦點放在「你穿這什麼衣服？」「你這什麼態度？」青少年受到這樣的質疑就會認為這個大人在干涉，因此才會有「怎樣？」「不然你要我怎樣？」這類的反應。如此一來，要進行正常的對話就更難了。因此一開始還是先以問題和事實為中心進行對話，把態度等問題放在心裡，留到適當的時機再提出吧！

第二部

反映青春期孩子特質的三種對話法

爲了正確理解青春期的孩子並支持他們成長，父母可以從三個方向觀察青春期孩子的特質，並運用適當的對話方法。

第一個特質，青春期可說是「思想的春季」。就像春天一到，植物會長出嫩芽，樹枝會長出新葉一樣，孩子到了青春期身心都會急遽變化成長。思想的發展朝向建立新秩序和關係的方向進行，所以從青春期開始，孩子會越來越有自己的主張，意見也會越來越多。之前對父母和監護人言聽計從，現在則會提出自己的主張，試圖挑戰和變化。

從父母和監護人的立場，很難接受一向乖順的孩子開始會頂嘴，並表現出無法理解的固執。但是，如果將這種面貌視爲孩子爲了成長而努力，並給予更多的鼓勵和支持，就能與青春期的孩子建立更深厚的信賴關係。

第二個特質，到了青春期，每個青少年都認爲自己是「人生的主人」。青春期青少年特別會裝模作樣，處處表現出不需要父母的幫助。但事實上這個時期還是有很多事情需要父母的保護和援助。父母或監護人必須透過日常對話，表達無論何時都會站在孩子這一邊，爲了幫助和支持子女敞開心扉。雖然已經過了兒童期來到青春期，但不代表他們就能獨立解決問題，只有父母的支持和愛，才能幫助孩子掌握解決問題的方法。

第三個特質是「重視朋友」。青春期是透過與朋友一起玩樂和學習，感受超越家庭的社會關係時期。

青春期青少年特有的三個特質會透過緊密的相互作用，影響青少年的健康和幸福。本書第二部就從青春期的三個特質出發，看看有哪些對話方法可以幫助親子溝通。

01.
青春期是思想的春季

思春期[1]，思想的「思」，春天的「春」。代表了思想的春季到來。意味著擺脱童年，身心都成長的時期。

大家聽到青春期這個詞會有什麼想法呢？過去有人用「狂飆突進時期[2]」來形容，這是源自於十八世紀與理性相反，重視感性表現的德國文藝界的復興運動，之後也有不少人使用「反抗期」這個名詞。最近針對青春期的特質，經常使用「中二病」這個新造詞。不管是什麼，看得出來都是從否定的觀點看待青春期。

即便是現代，仍有不少聲音向家有青春期孩子的父母呼籲「好好管教，以免將來出問題」，把容易受情緒影響而突然發怒、突然沉默、陷入憂鬱的青春期，比喻成一不小心就會爆炸的不定時炸彈。

但是每個人的成長過程中都必須經歷青春期，無法像生病一樣吃藥治療，不舒服的感覺就能很快過去；也不能期待什麼事都不會發生，迴避一切。做父母的應該調整心態，孩子來到世上十多年，現在正迎接青春期的變化和成長，這是值得祝賀和稱讚的事。

父母如何看待青春期的態度，會對這個時期孩子的成長有很大的影響。青春期是從外到內，身心都在成長和變化的時期。如果把這個時期僅僅當成充滿混亂和反抗，父母就會以忠告和指責來控制言行。但這只是反映了父母的不安，也就是「如果現在不導正，長大後可能會變歪」的這種心理。然而在控制和壓迫之下，孩子的思考能力就無法順利成長。

如果把青春期看成是成長飛躍的時期會有什麼不同？即使與子女發生衝突，即使子女做出意料之外的行爲，父母也會試圖進行對話，而不是先指責、糾正。給孩子鼓勵的同時，也要爲改善孩子所處的環境而努力。

孩子說自己正處於青春期，還跟我們宣告「不要隨便惹我」！

聽到這句話眞是說不出話來，青春期是那麼值得耀武揚威的事嗎？

這種時候，建議父母不要當面斥責孩子：「你以爲你一個人就可以長大嗎？」「你離長大還遠著呢！」「擺什麼架子啊！」這些話，尤其千萬不要說：「你是因爲青春期才反抗的嗎？」

反而應該用「是青春期啊，眞是長大了不少。」「當然，沒有人可以隨隨便便對待你，你是最珍貴的。」「從小到現在我們一直都很愛你。」「謝謝你健康地成長著。」這些話，以正面的心態回應孩子。

其實，孩子能自己意識到成長，進而提出來是件好事。這種時候，請以孩子的成長爲中心來對話。藉由提問給孩子說話的機會，好好傾聽孩子的話，不要無視或訓誡。讓孩子從延續的對話中學習如何傾聽、提問，以日常生活爲素材進行有趣的對話。

我現在是青春期，不要惹我！

是青春期啊，長大了不少，眞好。沒有人可以隨隨便便對待你，以後家裡在決定重要事情的時候，也會努力聽取你的意見。

我把青春期的意義聚焦在思想的啓蒙，也就是進入「思想的春季」，過去分享給許多父母時也得到許多共鳴。青春期是人類成長過程中最美好的時期，是思想大量延伸和連接的時期，而且大部分想法都是爲了發展「我人生的主人是自己」的意識。**青春期的青少年愛父母，但不想成爲和父母一樣的人，想要自己作主，是準備以自己人生的主人之姿在這個世界生活的時期。只有理解和尊重這一點，才能與青春期青少年進行和平的對話。**

最重要的是不要因孩子情緒起伏而受到影響，要冷靜觀察並聽取意見。鼓勵孩子朝正面積極的方向走，經常用語言表達感謝並讓孩子了解自己是很珍貴的存在。青春期青少年迫切想得到「不再是小孩子」的認同，卻又同時想確認現在仍和小時候一樣受到喜愛。

在思想的春季，青春期是人類成長過程中最美麗的時期。希望父母們都能理解青春期的特質，積極支持青春期青少年順利成長。

注釋

① 青春期的韓文是「사춘기」，直譯就是「思春期」。

② 狂飆突進時期（德語：Sturm und Drang）是指1760年代晚期到1780年代早期在德國文學和音樂創作領域的變革。是文藝形式從古典主義走向浪漫主義過度階段，也可以說是幼稚時期的浪漫主義。其名稱源自於劇作家克林格的戲劇《狂飆突進》，代表人物是歌德和席勒，歌德的《少年維特的煩惱》便是典型代表作品，表達的是人類內心感情的衝突和奮進精神。

青春期發育的課題

「一天到晚碎碎唸，聽得實在很累。」

「我才沒說幾句話就嫌嘮叨，然後就跑走了。」

這是家有青春期孩子和父母之間經常上演的場景。青春期青少年和父母對話時，覺得「一天到晚碎碎唸，聽得實在很累」。而反過來，父母們也很委屈，才講幾句話就被嫌嘮叨。到底誰的話才是眞的呢？爲什麼會有這種差異呢？我想先向父母提出以下問題。

「如果一個人不停說話，另一個人只是聽而已，那麼在這兩人當中誰會覺得比較不耐煩？」

「聽話的一方。」

「和子女進行對話時，主要說話的是誰？」

「父母。」

「那麼哪一邊容易覺得不耐煩呢？」

在同一個場合對話，孩子和父母各自會有不同的感受。父母說自己沒有嘮叨，孩子卻覺得自己一直在聽訓。這種差異是因爲親子之間對時間的認知差異。孩子比較沒耐心，認爲父母說話超過一分鐘就是嘮叨，而父母通常會在說了五分鐘後才進入重點。因此，無論進行多麼長的訓話，對孩子只有一開始的一分鐘才有意義，因爲青少年可以集中精神聽講的時間頂多一分鐘，超出一分鐘後說的話都是嘮叨，會讓人感到不耐。

下圖說明一下腦神經細胞連接的狀況。

人類的想法和感覺、行動、情緒等，都可以說是大腦神

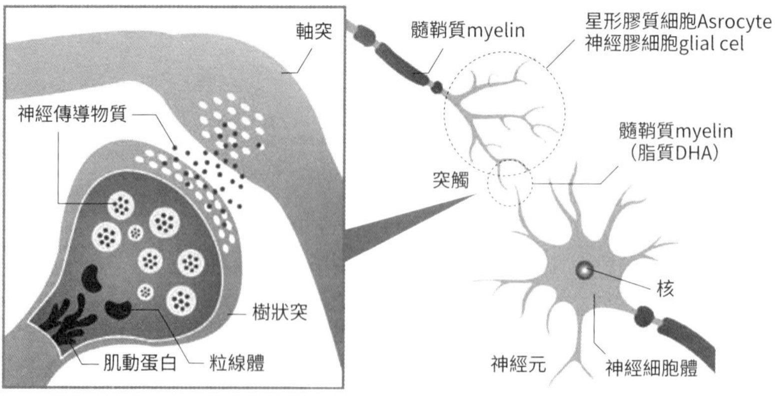

經細胞相互發送訊號而產生的巨大溝通結構。神經細胞元相遇後發生接觸的空間稱爲突觸，如圖所示，突觸連接大腦發生行動，構成溝通和傳達訊號的大腦作用。① 因此，神經細胞無法實現「一對一」的連接。一個腦神經細胞與其他腦細胞相遇，會形成數十個、數百個突觸連接，不是「一對一」而是「數十對數十」的連接。在人類大腦中約有一千億個神經細胞，進行數千億個、數十萬億個的連接，致使青少年的思考能力迅速發展。

所以青春期孩子的大腦非常忙碌。在睡眠中，大腦也會不停運作，讓腦細胞活躍地連接，這是青少年時期最重要的發展課題。正如前面提到，青春期青少年很難長時間聽大人的訓誡，當他們覺得大人的話是嘮叨的瞬間，就會呈現看起來像放空想別的事情，其實大腦正集中於連接神經細胞的模樣。

所以**訓誡時話越少越好。與其長篇大論，不如集中討論問題；**與其把過去的錯誤一一翻出來，不如對當下出現的問題以事實中心和尋求合作的說話方式，盡量在一分鐘內結束對話。

你有在聽我說話嗎？

有啊，我在聽。

但你的表情爲什麼那樣？

齁，眞是～我有在聽啦！

那你說說看我剛才說什麼。

齁～

訓誡的過程一旦變長，對話就可能變成上面那樣，孩子看起來一副左耳進右耳出的樣子。這種情況下不如就往好的方面想，「我的話太長了，現在孩子腦中正在進行神經細胞連接」，然後盡快結束對話吧。看到孩子注意力不集中時，不要急著訓斥，這表示自己話說的太多了，簡單說句「以後知道了吧」收尾，轉換氣氛即可。

時間是站在父母這邊的，爲了孩子，父母隨時都可以再開啓對話。發生問題時不要急於一次就解決，先把重點簡單說完，下次還可以再說。親子對話時，比起以急躁的態度訓斥，不如帶著對子女的信任，分次重點式對話會更有效果。

青春期的大腦復原力高

青春期的復原能力高，復原力是指將傷口或不適恢復到原狀的能力。青春期青少年身體不舒服的時候如果好好休息、治療，很快就能復原。精神方面的復原力也很強，就算前一天被父母罵得流下眼淚，第二天仍能面帶微笑打招呼。即使不是這樣，如果大人先道歉或放軟身段，也會得到善意的回應。

和中學生在一起時經常會有這樣的經驗。老師也是人，有時也可能因爲小事而過度訓斥學生。有次回家想想覺得自己似乎有點訓過頭了，所以第二天一早見到學生，就立即表示歉意。

○○啊，眞抱歉，昨天老師好像說得過分了些……

昨天的事就不要在意了，我沒事。

○○，謝謝你。

哪裡，老師，那我可以走了嗎？

好，老師愛你喔。

道歉的話還沒說完，孩子就傳來充滿活力的回應。類似狀況在家中也經常發生。

但如果是不夠理解青春期孩子具有高復原力的大人，看到他們很快恢復活力的樣子，可能會產生「眞是不會想」或「都不知道反省」這樣的誤會。在我進行家長研習課程前，學生們特別分享了一些心聲，希望我在研習中一定要強調讓家長知道。

青春期的孩子犯了錯，在客廳被父母訓斥完後，隨即去冰箱拿飲料點心，一轉身「看到父母的表情嚇了一跳」，因爲這時父母不是生氣就是一臉失望的表情。

以孩子的立場來說，已經挨過罵了，也回應說「我知道，下次不會再犯了」，認爲一切已經告一段落，所以才會去冰箱拿吃的。但對父母來說，卻不認爲這樣就結束了，因此看到孩子若無其事開冰箱就不高興。

「你是怎樣？」

「現在還有心情吃點心？」

「你怎麼這麼不會想啊！」

「你到底有沒有反省？」

聽到這些話，孩子會覺得很委屈。不是不會想，也不是沒有反省，只是認爲說了「我做錯了」「下次不會再犯了」之後就告一段落了，可以去做其他事。他們的復原力很高，很容易轉換其他行動，父母應該試著理解這點。像這種時候，「就讓他盡量吃，健康地成長吧」，以這樣的寬容心態看待即可。

再補充一點，在被嚴厲訓斥後，如果孩子拿著飲料回到自己房間大聲放音樂或和朋友大聲講電話，也請父母要諒解。這種時候請不要追上去敲門叫孩子安靜或又開始罵人。孩子這樣做並不是在生父母的氣，他們只是爲了轉換自己的心情罷了。

青春期青少年的大腦比成年人更活躍，因此在無聊或鬱悶的情況下，爲了轉換心情，會用各種方式找尋樂趣。被父母訓斥後，進入房間大聲播放音樂或和朋友通電話，都是爲了轉換和恢復心情，而不是針對父母做出的反抗，希望家長能夠理解。**對青春期的孩子來說，最重要的發展課題是腦細胞的連接活動，而這個過程在心情愉快、舒適時會更活躍。**

青春期，學習最好的時期

一群國中老師和一群國一學生，在放學後一起學吉他，每週上兩次課，老師和學生哪一邊的學習進度比較快呢？

一個月左右就可以明顯看出學生的進度比較快，甚至到後來還可以一對一指導一起學習的老師，可見差距很大。

青春期可以說是一生中最能有效學習的時期。青少年只要下定決心就能學得很快，特別是感興趣的事，例如喜歡的歌曲、舞蹈或樂器。更令人驚訝的是，在這個時期學到的會深深內化，就算隔了一段時間沒接觸，必要時仍然可以快速上手。

青春期的腦細胞會不斷連接再連接，大腦判定重要的連接就會非常牢固，如果反覆學習，連接會更強。青少年本能地追求樂趣，不管聽音樂或擺動身體，努力讓自己的心情維持舒適愉快的狀態。透過這種心情轉換，腦細胞連接活動就會更活躍。

青春期大腦的神經細胞會對很多不同領域感興趣，透過看、聽、感受、想像，進行連接和強化。**比起背誦簡單而反覆的知識，在行動和體驗的過程中會感受到較多愉悅，擴大思考範圍，增加能力。**因此，必須趁著青春期進一步擴大學習範圍，大腦的神經細胞才能進一步擴大和強化。青春期青少年對自己感興趣的領域會進行集中探索，對新事物也充滿了強烈的好奇心，像現代功能越來越複雜的智慧型手機或各種科技新玩意，青少年都可以比大人更快速學會及運用。

孔子將青春期的高峰期——十五歲定義爲「志學」[②]，強調這是好好學習的時期。俄羅斯教育心理學家維高斯基（L. Vygotsky）稱十五歲是「知識革命期」，也強調這是知識和學習重要的轉換期。

青春期青少年大腦發育過程中，做出理性判斷的前額葉比其他領域的發育相對較晚，前額葉負責綜合判斷和集中處理訊息的能力，因此**青春期的大腦比起理性判斷更容易陷入感性行動的一面。青春期的大腦頂葉非常活躍，因此透過看、聽、感受的視覺和聽覺經驗，可以進行更活躍的學習。**

但是這樣活躍的學習能力，對負面學習來說當然也適用，因此許多人都是在青春期學會抽菸、喝酒，這是因爲青春期的孩子對危害身心健康的危險行爲和菸、酒、藥物等的過濾機置還很薄弱，因此一不小心也很快學習吸收錯誤行爲。爲了避免孩子暴露於危險，就需要父母和監護人以愛出發的關注、照顧和指引。③

特別是酒和毒品，會削弱人的記憶力和判斷力，在酒醉和中毒狀態下的行爲非常危險，這些都必須讓孩子們知道。另外，青少年容易受社會文化影響，因此更需要父母關注，必須建立起能夠保護青少年免於有害環境和有害物質侵害的社會規範及安全網。

注釋

①引自《青春期的腦內風暴》（The Teenage Brain），法蘭西斯．詹森博士（Frances E. Jensen, MD）、艾蜜．依莉絲．納特（Amy Ellis Nutt）合著。P.73～P.76。
②《論語．爲政篇》，子曰：「吾十有五而志于學，三十而立……」
③引自《青春期的腦內風暴》（The Teenage Brain），法蘭西斯．詹森博士（Frances E. Jensen, MD）、艾蜜．依莉絲．納特（Amy Ellis Nutt）合著。P.152。

02.
人生的主人是我自己

「你不要管那些問題，好好讀書就好。」
「少管閒事，做好你該做的事就好！」

以下先來看看父母們對青春期孩子「未來的期待」。

「希望能成爲正直、敢言、行事堂堂正正的人。」
「做自己喜歡的事，有一定的經濟能力。」
「希望能愛護自己，並幫助需要幫助的人。」
「誠實的人，即使平凡也能與他人愉快地共處。」
「希望孩子常去旅行，體驗廣闊的世界，能自信地生活。」
「孩子的未來？我只擔心他能不能好好吃飯。」
「反正將來我也不會想依靠孩子，只希望他能對自己的人生負責，不要帶給別人傷害，過得開心就好。」

父母對孩子有各式各樣的期待，但有一個共同點，就是希望子女能成爲自己的主人，創造獨立自主的生活。

青春期的青少年追求獨立，可以視爲即將主導人生的準備期。因此，青春期的多數行動都與準備主導自己的生活有關。

青春期的孩子還不太擅長用語言表達心中的想法，遇到無法與他人溝通而心情鬱悶時，常會透過表情或肢體動作表現出來。青春期的孩子心有不滿時常可以看到他們噘嘴、眼睛瞪得大大的，嚴重時還會踢門、甩門後揚長而去。他們的心理還很脆弱，無法以具說服力的語言表達需求，因此當他們出現以上反應時，不要認定孩子「故意反抗」「做出壞行爲」，他們眞正想表達的是「請聽我說」「我也想自己作主」，需要父母的愛和包容。對於青春期孩子的態度，與其先入爲主判斷或訓斥，不如冷靜地詢問孩子的想法、表達關心，才不至於讓孩關上溝通的大門。

再次強調，爲人父母得先認知到「孩子人生的主人不是我，而是他自己」。從大人的角度來看，雖然還不成熟、不穩定，但孩子正努力用自己的力量探索世界，不想依靠父母，渴望獨立。

這個時期孩子最大的特點，就是父母或老師若意圖把他們拉到某個地方，就會下意識抵抗。雖然從各方面來看孩子似乎都還沒有準備好，但青春期正是自主意識和欲望特別旺盛的時期。

孩子還小的時候，是父母牽著他們的小手，走在前面引領成長。但孩子進入青春期後，父母應該後退一步，站在輔助的位置，讓孩子學習走自己的路。讓孩子走在前頭，父母做爲他們穩建的後盾就好。

當你感覺到孩子「爲什麼那麼容易生氣」時，不要只想著教訓孩子，暫停一下想想「我是不是想進入孩子的生活替他作主呢？」好好觀察孩子吧。

好，告訴我你的想法

「你知道我的個性吧？我本來就討厭不遵守約定的人。」

「不是只要講一次就會聽嗎？那現在是第幾次了？」

「你到底是像誰？」

「這像話嗎？」

「看看這孩子，眼睛瞪那麼大做什麼……」

「長大了就瞧不起我是嗎？」

「怎麼對大人這麼沒有禮貌！」

以上的話不管是誰聽了都會討厭吧，尤其是青春期的青少年。這些話有什麼共同點呢？

以上舉例的話語都是將對方視爲不成熟，有輕視意味的。認爲只有我是對的，對方必須無條件服從的強制性。從廣義上來說，甚至可以視爲一種暴力。

另一方面，這些話也是導致對話中斷的話語。帶有輕視和高壓的言語暴力並不能得到對方的呼應，只會留下單方面的訓斥和惡言相向帶來的不快感。

如果對青春期的孩子說這些話，後續就不可能出現什麼好言好語了。面對這種形式的高壓姿態，青春期的孩子多半會當場大聲抱怨「煩死了」，或以消極的態度「不然你要我怎麼樣」來應對。而且在他們心裡還會積存著「看來你也無話可說才扯這些」「這一點都不合理」「年紀大就了不起喔」這些不滿。

當孩子瞪著大大的眼睛，或許並不是反抗，而是有話想說。如果孩子支支吾吾像是想說什麼或吐出一些莫名其妙的話，那不是爲了逃避，或許是因爲還無法用語言把想表達的內容整理好說出來。不管是哪種情況，都需要大人先暫停一下，給孩子時間表達自己的意見。

「看你似乎有話想說，讓我聽聽你的想法吧。」

「覺得心情很糟吧，可以說說看你是怎麼想的嗎？」

在青少年和大人的對話中，讓對話持續進行的責任在大人身上。當青少年可以透過對話擁有思考的時間，並有機會適當表達時，他們才會成長爲思慮更周全的成人。

發展平等意識

青春期青少年最看重的是平等意識，就像他們在學校學到的那樣，每個人都應該有平等且珍貴的人格，對於男女之間的差別待遇、職業的差別待遇、成績的差別待遇等等都會特別敏感。尤其在成長期間，如果父母因爲成績而對孩子有不同的對待方式，心中留下的陰影與傷害甚至可能到成人後都難抹滅。

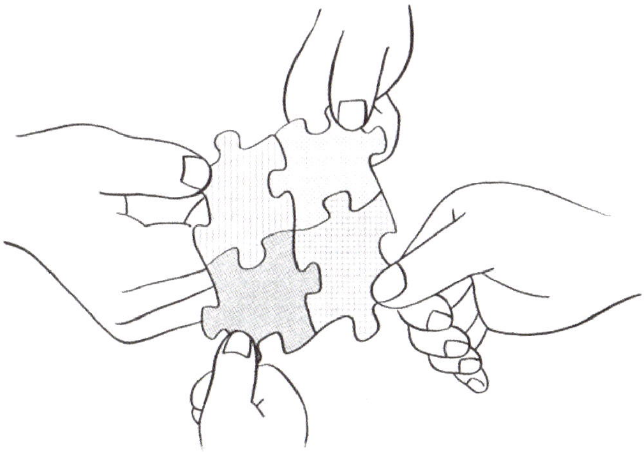

上頁那張圖片我曾經在課堂上拿出來與學生分享，當時是想透過圖片討論合作的力量，不過一位學生說看到圖片讓他聯想到平等，其他同學紛紛鼓掌贊同。我問了原因，他說因爲圖片中每個人都有一片拼圖。沒錯。青春期是非常重視公平、平等這類意識的時期，若感覺自己受到歧視，就會強烈抵抗。

青春期對於所有人都應該受到同樣尊重的平等意識非常強烈，同時這個時期的自我意識也很強，不管是自己受到歧視或同齡朋友受到差別待遇，都會積極提出質疑。

我與學生們討論，一起找出含有差別意識的話。沒想到多數人都認爲「你竟敢～」這句話最具有差別意識，尤其聽到父母或老師說這句話會覺得很刺耳，心情瞬間變差，因此想反抗。

有時在特殊情況下確實必須承認有差別待遇，但青少年往往仍無條件主張平等。只要獲得公平的對待，他們就會積極表達自己的想法和意見。換句話說，若希望能進行良好有效的對話，就必須以相互平等的關係爲前提。

拋開年齡和經驗，應該優先考慮傾聽對方的意見及相互提問，建構彼此尊重的關係。當孩子說話時，比起評論，更需要認同的心。

青春期青少年只有在覺得受到尊重時才能暢所欲言。所以孩子開口說話時，除了傾聽之外還可以搭配以下的話語來適時回應。

「是嗎？」

「原來如此！」

「然後呢？」

陪伴青春期的孩子，父母可以有機會好好體驗這段成長過程中的活力與美好，這是與自己青春期時不同的感受。比起批評孩子的言行，不如以對等姿態尊重並傾聽，同時透過詢問孩子的意見，父母也可以重新學習和成長。孩子感受到大人的尊重，也更能堂堂正正地成長，培養良好的品格。

體罰無疑是種暴力

以下來自家有四歲兒的父母的提問。

「我的孩子只要不合他的意就會開始鬧脾氣、耍賴，我很擔心長大會變成有壞習慣的孩子，請問什麼時候適合體罰呢？」

我的回答只有一個。

「任何時候都不能體罰。」

以下來自家有十四歲孩子的父母的提問。

「孩子似乎進入了青春期，講什麼都不聽，大小事都抱怨，一天到晚在外面跟朋友鬼混不想回家。孩子小時候犯錯會給予處罰，狠狠地責罵，有時候還會罰站。但進入青春期後孩子的行爲好像變得更嚴重，所以還曾經體罰過，處罰完要他寫悔過書認錯。請問我這樣體罰沒關係嗎？」

我的回答還是一樣。

「任何時候都不能體罰。」

如果小時候對孩子進行嚴厲的訓斥、懲罰甚至體罰，那麼現在請先向孩子道歉吧。在成長過程中遭遇父母粗暴言行的記憶，長大成人後依然不會消失，在身心留下長久的創傷。

「在你還小的時候，我們應該好好跟你說，用對話解決問題，但生活實在忙得焦頭爛額，根本沒有餘力學習如何溝通。眞是對不起，爸爸媽媽錯了，從今以後我們會努力不再重蹈覆轍。」

不要用「一切都是爲你好」來將暴力正當化或辯解，這世界上沒有所謂愛的鞭笞這種事。珍惜並尊重孩子是愛，鞭打就只是暴力。愛和暴力絕對不能放在同等的位置上。

如果意識到這一點，現在就好好向曾受過體罰的孩子道歉，並承諾不會再做出暴力言行。

沒有信心以對話教育孩子的人，才會說出體罰並不是責打，是教育的一環來辯解。不管教育或訓育，都是讓孩子在受到尊重的情況下，幫助並支持成長的社會化過程。教育和訓育絕對不能與完全沒有尊重之意的體罰相提並論。

孩子到了青春期，自尊和自我認同意識急遽成長，有強烈欲望想在生活中自己作主。如果在他們出錯時予以體罰，孩子的心理會受到嚴重傷害，而且這個傷口會持續很長時間，同時也不再信賴體罰自己的人。所以不要再認爲體罰有用，若孩子小時候被體罰過，現在就向他眞心道歉吧！

03.

喜歡朋友更甚於父母

「你不要管那些問題，好好讀書就好。」

「少管閒事，做好你該做的事就好！」

對青春期的孩子來說，朋友是什麼樣的存在呢？

青春期孩子喜歡朋友更甚於父母，因爲他們可以一起夢想一起談論未來，那是不同於與家人共度的世界，是一段可以拓展各種經驗的時期。雖然現在還需要父母的保護，但孩子開始會自己判斷，嘗試進入新的社會化層面。雖然與家人一起吃豐盛大餐很棒，但也很珍惜與朋友一起吃路邊攤的經驗。

父母有兩個重點必須了解。

第一，對於青春期的孩子來說，這個時期「朋友」就是社會

關係的全部。在與朋友相處的過程中，他們可以對「人」進一步理解、想像和溝通。青春期之前，孩子以家人爲中心生活，進入青春期後，重心會從家人轉移到朋友，他們也開始有了自己的社會生活。青少年時期受到讀同一所學校、住同一個社區的朋友影響是必然的。如果這個時期的同儕關係順利，青少年就會產生自信，獨立感和自尊感也會提高。如果不能常常跟朋友見面，就會覺得生活很無聊，沒有聊天的對象。

第二，常常會把朋友和自己視爲一體。從父母的角度來看，或許不喜歡孩子的朋友，抱持些許疑慮，但對這個時期的孩子來說，朋友就跟自己一樣重要，對我的朋友有意見就是對我有意見！因此與其批評或質疑，不如先保持尊重，慢慢增加對話機會才能進一步了解。因爲青春期的孩子感覺朋友受到攻擊時，會無條件擁護朋友，燃起一種同仇敵愾的心態。即使對象是自己的父母，多半還是選擇站在朋友這邊。所以在孩子談論到朋友時請多傾聽，藉以分享想法。其實，父母擔心的問題孩子自己也知道，可以藉由對話幫助孩子學習從客觀的一面來看待情況。

接下來就來看看青春期孩子遇到交友問題時，父母可以如何和孩子進行良好的對話。

對於青春期的孩子來說，這個時期「朋友」就是社會關係的全部。青春期青少年通常會把朋友和自己視為一體，所以談到孩子的朋友時要尊重孩子的立場來進行對話。

相信你的標準

「他是我的朋友，希望你們再多觀察一下。」

我的孩子有個很要好的朋友，但那個孩子說話語氣不太好，行為也很輕浮，我心裡其實很在意，但又不知該如何跟孩子說。有天找了個機會，跟孩子稍微提了一下那個朋友的問題，沒想到孩子的回答出乎我意料之外。

他是我的朋友，希望你們再多觀察一下。

怎麼說？

我有自己交朋友的標準。

這樣啊。那我想知道你對交朋友有什麼標準。

最起碼不能欺負弱小。

這個很重要，我相信你的標準。

父母難免會擔心孩子的交友狀況，但是與其主觀判斷孩子的朋友有什麼問題，不如給孩子機會先思考朋友的行爲，再進行對話。日常生活中也可以找機會與孩子聊聊交友的經驗，不要一味強調父母的意見，應該充分傾聽孩子的想法，並表達信任。孩子透過對話了解父母對自己的愛、信任和關心，看重朋友的同時，也才能夠不輕易被影響。同時萬一發生什麼困難，也會願意找父母商量。

媽媽聽你說

孩子回到家「砰」一聲用力關上門，看起來氣呼呼的。

你回來啦，發生什麼事了嗎？

氣死人了！

怎麼回事？

不關媽媽的事，是我自己的問題，媽媽幫不上忙。

但是心情不好的時候還是說出來比較好。
到底發生什麼事你說說看，我可以聽。

事情是這樣的……

我還以爲發生了什麼嚴重的事，原來是和朋友鬧彆扭。孩子認眞說明了狀況，並表明自己的爲難之處。而我只是認眞傾聽，偶爾附和孩子的話。孩子說了好一會兒之後，對我說：「媽媽！朋友應該不會那樣吧？」

孩子表示「他可能遇到什麼事了」，顯示正試著理解朋友。而我還是只聽他說，等孩子說完，他自己也找到了解決方法。剛開始孩子說出「不關媽媽的事」時，我並未因此生氣，只是冷靜地回應，並表示願意傾聽，鼓勵孩子花點時間回顧一下整個狀況。

青春期的青少年喜歡朋友，和朋友吵架通常馬上就和好，意見不合起爭執也不會輕易決裂。即使朋友做錯了事，也會包容並繼續往來。因爲這個時期的孩子喜歡和朋友在一起，覺得一群人在一起更有趣、更自在。加上年齡相仿，大家的缺點或不足之處也差不多，孩子容易從中得到安慰和認同。

大人在日常生活中與人對話時會理解對方，產生認同，孩子也會在耳濡目染中，慢慢經歷自己尋找答案的過程。所以當孩子放學回來，抱怨老師或其他人時，父母只要靜靜傾聽就好，適度回應「怎麼說？」「哎呀，眞可惜！」「該怎麼辦呢？」幫助孩子思考、理解，給孩子鼓勵，將來他就知道該如何自己去尋找答案了。

我朋友本性很善良

以下例子是父母覺得孩子的朋友言行有問題，擔心受到牽連或被帶壞，因此要求孩子和朋友保持距離，甚至是不要再往來。

你是不是有個朋友叫○○？

對啊，怎麼了？

他講話不是很客氣，好像很習慣講粗話。

媽媽怎麼會那樣覺得？

上星期二在路口超市，看到他跟一群朋友經過，聽到他們的對話。

他說話就是那樣，不過本性很善良啊。

聽到父母指責自己朋友的缺點時，孩子都會本能地袒護

「他本性很善良」。這種時候不要立刻反駁「有誰本性不善良啊」或「在大街上那樣講話，很難相信他有多善良」。一味追究是非、吹毛求疵對親子關係完全沒有幫助，相反地，父母應該找到孩子朋友的優點，先給予肯定。

上次你帶回來家裡的那個朋友。

喔，你說○○啊，怎麼了？

看起來很乖的樣子。

或是「見到人會打招呼，很有禮貌」這樣先稱讚對方也可以。在點出孩子朋友的問題之前，必須先獲得孩子的信任。如果一開口就是挑剔朋友，那麼孩子會立刻站在朋友這邊爲他辯護，同時與不理解自己朋友的父母保持距離。那麼萬一將來遇到困難，因爲不信任父母就不會求助。所以平時就要多了解孩子，讓孩子對父母建立充分的信賴感，就會自然而然與父母分享朋友之間的事，有困難也會主動提出。

另外，孩子的朋友也是另一個家庭裡珍愛的孩子。將心比心，有了大人們的愛與支持，才能幫助青春期的青少年成長爲懂得愛與被愛的人。

這次在學校惹事的學生不就是上次來家裡玩的○○嗎？

對呀。

怎麼會那樣呢？他看起來很乖啊⋯⋯

他本來很乖啊，只是因爲一時衝動才惹事。

你也很擔心吧。

對啊，但他還是得自己面對，我也只能在一旁支持。

這次事件希望你也引爲借鏡，如果有什麼需要幫忙的一定要告訴媽媽喔。

「有什麼我可以幫忙的？」「如果有需要一定要告訴我。」這些話可以經常掛在嘴邊，讓孩子知道無論何時都可以尋求父母的幫助和支援，這樣在眞正有需要時，才會毫不猶豫地向父母求助。

沒有像朋友一樣的父母

有一天和○○聊天時，他提到自己的父母。

我爸媽說想和我做朋友，我不知道那是什麼意思。

應該是想要好好理解你，跟你好好相處。

可是他們平常又很挑剔我的規矩。

當然要遵守規矩啊。

老師到底站在哪一邊？

當然是○○這邊。

我沒有想跟爸媽當朋友的想法。反而覺得爸媽跟自己的朋友出去，再跟我分享他們之間的事比較有意思。

爲什麼？

那樣感覺他們的生活也會比較有趣啊，我跟朋友在一起時最開心了，如果沒有朋友會很無聊……無聊的話就容易發脾氣啊。

在這段對話中，我們可以關注兩個重點。

第一，對青春期的孩子來說，和像朋友一樣的父母在一起，還不如跟年紀相仿的朋友在一起比較有趣。對青少年來說朋友是最重要的，如果沒有朋友就什麼事都做不到。他們會去上學，是因爲學校裡有同學。只要有同學在，學校生活就會變得很有趣，日常生活也會感到幸福。

第二，在青少年心中，任何人都應該要有朋友，如果沒有朋友，生活就會感到無聊和煩躁。所以他們希望父母也擁有自己的朋友，不要把注意力都放在孩子身上。孩子會擔心父母沒有朋友而無聊，也多少會在意自己是不是放著父母不管只顧著出去找朋友。其實不是每個青少年都希望有像朋友一樣的父母，做家長的也應該有自己的生活，如果因爲無聊而硬是想當孩子的朋友，這對孩子來說反而可能是一種負擔。

父母的朋友真的很好

怎麼會有麵包？

給你吃的啊。

爸爸以前沒買過這種麵包啊。

是爸爸的朋友買給你吃的。

其實我很喜歡吃這麼甜的麵包，爸爸的朋友真是太了解青少年的口味了。

是嗎？那我以後也買這種甜甜的麵包回來吧。

青春期的孩子對父母的朋友會覺得好奇，很感興趣，對於那些叔叔阿姨的關懷也會非常感謝，很樂於見到父母和朋友相約聚會，回到家後心情很好的樣子。事實上，**家長們擁有愉快的社交生活，回到家後也會和子女相處更融洽。**

爲什麼把泡菜拿出來？

媽媽想帶一些去送朋友，因爲上次聚會時帶了一點，阿姨說很好吃，所以這次多送一點。

被阿姨稱讚了啊，她果然是懂吃的人。

是啊，被朋友稱讚，心情很好。

媽媽也會嗎？我被朋友稱讚時心情也會很好。

青春期的青少年對父母的朋友很感興趣，對於父母與朋友間的親密情誼或相處模式也會有些共鳴。所以父母不要一天到晚把注意力放在孩子身上，出去與不同的朋友見面聚會，這些看在青春期孩子的眼裡，也是一種學習。更進一步來說，可以讓他們了解「朋友」對未來人生的重要意義。

當孩子進入青春期，父母也到了回顧自己生活的時候，重拾過去被忽略的朋友，培養個人的興趣愛好。過去一刻也捨不得放手的孩子，現在已長成青少年了，這代表不只是孩子，父母的視野也該擴大，從以前眼裡只有孩子，擴展到更遠。**青春期，可以說是父母和孩子都準備邁向人生另一個階段的時期。**

孩子到十多歲，父母逐漸會有「孩子的人生和我的人生是兩碼子事」的想法，爲了接下來的生活能更豐富，現在就應該多和朋友們聚聚，培養興趣。不管是學樂器、登山、騎腳踏車、畫畫或蒐集各種收藏品，從事這些活動的過程中，更可以擴大與孩子分享的話題，同時也進一步刺激孩子的想法。

如果還是像以前一樣把注意力全都放在孩子身上，反而會有反效果。把自己的人生和孩子的人生連在一起，把自己生活的意義與孩子有無成就串連起來，對孩子或父母來說都是一大負擔。

媽媽，我的人生和妳的人生有什麼關係？

你的人生是你的，媽媽的人生是媽媽的。

意思是說沒有關係囉？

也不能那樣說，應該說是互相支持的關係。但是，沒有人能代替你去過幸福人生，所以說是各自的人生也沒有錯。

哇，好酷啊。我不用顧慮媽媽，只要我過得幸福就可以了嗎？

是啊，爲什麼要顧慮別人想法呢？重點是能過著幸福、誠實的生活才重要。

青春期的青少年在父母的支持下成長，所以父母不要因爲孩子當下的成果或失誤而忽喜忽悲，應該始終相信並支持著孩子，這才是讓青春期青少年幸福生活的力量。

第三部

提高自尊的三種對話法

父母都希望孩子能過得幸福，爲了這個目標，不時思考和探索自己應該再爲教育孩子多學些什麼。但在尖端科技的發展下，時代急遽變化，現在已經很難預測孩子未來會生活在什麼樣的世界，因此對子女教育的不安感更高。在不確定的世界唯一可以確定的是，孩子們正在成長，總有一天必須獨立選擇自己要過什麼樣的生活。在這個過程中，最重要的就是幫助孩子成長爲熱愛並尊重自我，具備「高度自尊的人」。

具備高度自尊的人會珍惜自己的生活也尊重別人。**在困境中依然能與他人建立良好關係，發現生活的樂趣，就算經歷失敗也不會氣餒，鼓起勇氣繼續挑戰。在時代的潮流和變化中，能夠過著幸福生活的人都有一個共同點，就是擁有高度自尊。**

相反地，自尊低落的人很難擁有幸福的生活。因爲他們在意他人的評價，以別人的標準來衡量自己的快樂和幸福，時時在意他人的想法。就算擁有得再多，也總是感到空虛；即便被很多人圍繞，仍然很難感受到被尊重。

那要如何才能讓孩子成長爲具備高度自尊的人呢？不是一再耳提面命地叮嚀「你必須要有自尊感」就可以達成。

事實上，單從理論學習和研究也很難掌握，因爲自尊感是在與他人對話、合作和分享心靈的過程中形成的。特別是青春期的孩子，與父母的日常生活對話是提高或打擊孩子自尊的關鍵影響。就像每天進食的量和質決定身體健康狀態，每天對話的量和質也會左右孩子自尊的高低。父母是孕育孩子的根源，因此飽含父母的愛與信任的話語將深植在青少年心中，內化爲對自己的愛與信賴。

可以提高自尊的對話方式有「熱愛自我存在的對話法」「成爲自己主人的對話法」，以及「尊重反對意見的對話法」。本章節後面還會用青少年最關心的「零用錢」來討論提高自尊的方案和對話法。

01.

熱愛自我存在的對話法

某個星期六下午，和孩子一起在客廳喝茶聊天。

○○，謝謝你。

怎麼了？

有你眞好。

爲什麼？

因爲你成爲我們的孩子，可以每天見到你眞的很令人感謝。

眞是的～就爲了這個？

嗯！

孩子哈哈大笑。

對青春期子女的稱讚，是讓孩子對自己的存在感到自豪的重要成長要素。從父母那裡得到的稱讚會爲孩子帶來快樂和自豪感，希望父母都能經常稱讚孩子。

有些父母會說：「就算想稱讚，也沒有什麼值得稱讚的事，眞是可惜啊。」這句話代表孩子在父母心中「沒有值得提出來的優秀成果」。但是我想建議父母們，請擺脫只稱讚好事的傳統觀念。

孩子本身的存在就足以得到稱讚和肯定，這對他們來說可以提高自尊感。只要做好某件事就能獲得讚賞是很普遍的觀念，所以受稱讚的人會感到自豪。但也因此，過度稱讚孩子的某一項成果反而可能帶給他們壓力。

而當孩子發現努力過好每一天，好好成長就好，自己存在本身就值得稱讚時，自尊感就會提高。

不一定非要把某件事做得很好才會稱讚。只要孩子在身邊，偶爾相視而笑，每天做好自己分內的事，健康地成長，這樣就足以讚許了。最好的稱讚，就是感謝孩子的存在與日常行爲。

託付與稱讚

還有一種提高孩子自尊的方法，就是託付孩子某件事，當他接受並完成時給予稱讚。不過託付必須愼重，同時要給孩子充分的時間做決定。隨隨便便地託付一不小心就會讓人覺得是指示或命令，同樣一件事，如果是以命令的態度要求孩子，就算完成了，孩子也會有不愉快的感覺。

因爲指示和命令，會讓孩子覺得自己不是主人，而是奴隸。當然也不是每一次愼重的託付孩子都會答應，此時也不宜強迫孩子。如果遭到拒絕，那麼下次有機會再鄭重請託就好，如果孩子接受了，別忘了讚許孩子。讓他知道自己的重要，提高自尊感。

我的女兒國中時，某天我想做垃圾分類，但因爲累積了一個星期，一個人做有點吃力，於是去敲了敲她的房門。

妳來幫媽媽的忙。

不要。

爲什麼？

我現在也很忙。

這樣啊，妳要多久才忙完？

大概要一個小時。

那媽媽一個小時後再來拜託妳。

老實說聽到孩子一口拒絕時，我有點驚訝，想想自己從小幾乎沒有拒絕過父母。但另一方面，也慶幸孩子能明確地表達自己的意願。不過再怎麼說總是媽媽開口拜託，被孩子果斷拒絕，心情還是有點複雜。

一個小時後，我又去找孩子並鄭重拜託，孩子這才慢慢走出房間。

我已經先把垃圾分類好，把可回收的物品集中在箱子交給女兒，再一起拿到外面去。回家的路上，心情變得很愉快，於是趁機稱讚孩子。

我的人生是成功的。

怎麼說？

因為有妳來當我的女兒。

我也覺得能夠當媽媽的女兒很好。

謝謝妳！

路燈照亮了我們的身影。

「長大了啊。」

「謝謝你來到我們身邊。」

「我們人生中最大的祝福就是生下了你。」

「你的存在本身就帶給我快樂。」

最好的稱讚是感謝孩子的存在。讚許孩子隨著歲月的流逝逐漸成長、在父母身邊、身爲家庭的一員，這些稱讚是提高子女自尊的最有效方法。這種方式所建立起的自尊，與因爲考試成績好、事情做得好、與他人競爭獲勝而得到稱讚時感受到的喜悅在本質上是不同的。擁有高度自尊將帶來力量，即使沒有什麼特別突出的表現，一樣能擁有幸福生活的力量。

不一樣也沒關係

「我們家老大的性格和愛好都和我不同，實在很辛苦。」

「有時候甚至會想，他是我的孩子嗎？。」

「孩子偶爾也會說自己很叛逆。」

「雖然對老大感到很抱歉，但就算是親子關係也沒辦法強求。

相反地，老二和我的想法比較像，我們也比較有話聊。」

孩子和父母是完全不同的獨立個體，如果孩子和父母的性格、喜好比較相似，想法也相通的話，眞的是很幸運的事。但如果眞的和孩子無法溝通，無法理解孩子的想法，希望父母也不要灰心，就想「這是個特別優秀的孩子，只是因爲我還有些不足所以無法理解」，讓自己的心更開闊一點，多學習一點，才能與孩子溝通。

人與人之間當然有可能完全不同，這是很正常的事。即使親兄弟姐妹，個性、想法也不會完全相同，一定會有無法理解對方的時候。但即使是和自己在各方面都很合得來的人，如果就這樣認定對方和我「一樣」，那就大錯特錯了。

十歲前的孩子溫順、聽話、親切，但過了十歲之後，就會漸漸顯現出很難和父母溝通、無法理解的陌生面貌。進入了青春期之後，原本很順從長輩、說什麼都會聽的孩子，開始爲自己發聲，若父母仍用以前的方式對待孩子，恐怕難以溝通。

父母是父母，我是我

「我知道應該對孩子的話和行動產生共鳴並進行溝通，但老實說總是感到無法理解，火氣就冒上來了。」

青春期的青少年開始追求自己的風格和個性，他們愛父母，但不想成爲跟父母一模一樣的人，想擁有自己的個性，以自己的方式生活，所以原本很容易溝通的孩子，在青春期階段也會逐漸表現出不同於父母期待的樣子。

經過時空變化，父母生長年代的青春期與孩子們現在經歷的青春期已經大不同相同，現代孩子接收到的資訊量更多、更豐富，選擇當然也更多了。

擺脫童年進入青春期的孩子正值成長變化階段，加上隨著時代進步而增加的各種資訊，不但比以前更優秀，也更難測多變。

因此父母們只能多學習、多增廣見聞，才能與子女溝通。想要熟悉子女的變化，就要了解時代有什麼改變，關注孩子生活的世界，同時也必須了解青春期青少年生長發育的相關知識，只有這樣，才算是站在與青春期子女對話的起點。

一直與我們生活在一起的孩子，或許某一天會這樣對父母說：

「那都是以前的事了，現在哪裡還有那種學生？」

「現在都是有話直說啊，時代不一樣了。」

「我愛爸媽，但我不想過和你們一樣的人生。」

「我的人生我會自己掌握。」

青春期是熱愛自己、激發自尊感，人生中美麗又特別的時期。孩子雖然深愛父母、尊敬並認同父母，但也很明確地知道父母是父母，我是我。

因愛而生的生命

青春期是人生的轉折期。

在生理上，開始成長爲孕育新生命而準備；在心理上，則爲擺脫對父母的依賴，獨立生活而準備。在這個時期對生命的關注會變多，對生養自己的父母的情感也會越來越深。雖然喜歡聽爸爸媽媽小時候的故事，但相較起來，會對父母青春期的故事更感興趣。

媽媽和爸爸是怎麼認識的？

在社區活動認識的，那時候我們社區定期會開一些課程，照顧社區居民的需求。

像學校社團一樣嗎？

差不多，我在裡頭負責行政工作，某天活動結束，我順口說了一句：「眞希望辦公室裡有一臺電腦。」過沒幾天，就有人滿頭大汗地搬電腦來了。

爸爸？

嗯。

是因爲喜歡媽媽嗎？

我也不知道。那個年代電腦還是奢侈品，我雖然很感謝，但也不確定能不能收下。結果你爸說：「比起一個人使用，我覺得放在很多人需要的空間裡會更好，所以就搬來了。」

哇～那是藉口吧，爸爸別有居心啊……

也許吧。不過我聽了他的話之後，就覺得他是個不錯的人，你爸爸就是個喜歡分享的人啊。

是管太寬了吧。

你平時會禮讓弟妹，也會照顧朋友，這一點跟爸爸很像喔。

媽媽是在誇獎我嗎？

青春期孩子對父母的戀愛過程、結婚、生子等相關經歷都很感興趣。「就這樣認識、相戀，然後結婚，生了像你這麼漂亮的孩子。」這些話就算聽了很多遍，每次聽都還是覺得有意思。從某些方面來說，也是孩子對自己如何來到這個世界的理解。

所以，不能隨隨便便敷衍孩子，「我也不知怎麼就結婚了」「反正時間到了自然而然就結婚了」「當時大概是失心瘋吧」「你爸說沒有我就活不下去，我就信以爲眞了」……這些話在孩子耳中聽起來像是非出於自願，而是偶然甚至失誤的結果。另外，也不要說「因爲有了你所以沒辦法……」「爲了你只好忍氣吞聲」這種負面的話。這會讓孩子認爲自己的出生不受祝福，甚至覺得自己是父母的絆腳石，嚴重傷害孩子的自尊。

讓青少年相信自己是「兩個很相愛的人共同孕育的寶貴生命，是很特別的存在」，這樣可以幫助形成積極的自我認知，也會提高自尊。聽著父母在戀愛中爲了得到對方的心而努力等待的故事、一起攜手走向幸福的過程，孩子也能學習將來遇到喜歡的人時，該以什麼樣的心態對應。

告訴孩子「父母」的優點

「你到底是像誰才這樣啊？」

「你跟你爸一樣固執！」

請不要常常在孩子面前批評配偶的缺點，這種時候會讓孩子覺得自己不受歡迎而不安。孩子是父母共同孕育的，他們也會覺得自己有些部分像爸爸、有些像媽媽，所以絕對不要隨口把配偶的缺點掛在嘴上。青少年喜歡聚在一起談論別人，開開玩笑，有時自己也會被當成說笑的對象，但是父母對家庭成員或親戚的挑剔就不同了，聽在孩子耳裡那些不是開玩笑，而是失望。

相反地，對家人或親戚的稱讚會給成長期的孩子帶來積極的影響，孩子會對於自己是這個家庭的一員感到自豪。不管是父母、兄弟姐妹或其他親戚，對孩子來說在有歸屬感的群體中，存在著值得信賴的優秀的人，是孩子提高自尊的幸福條件之一。

我眞的常常忘東忘西，昨天是圍巾，今天是雨傘……
抱歉。

這點跟我很像，我小時候也常弄丟東西，有時候專心想著某件事，就會忘了把東西收好，所以常常捱罵，想改也改不過來。不過長大後感覺好多了，結婚生子之後，我反而擔心奶奶帶你們出去會走丟呢！

哇～太過分了。

但是還好在生活上沒有造成太大的問題，你看我現在不是過得很幸福嗎……

當孩子說出自己的缺點，請父母告訴孩子「這就跟我一樣」，然後別忘了補充自己爲了改正缺點而做的努力。知道父母有一樣的缺點而且是可以改善的，能讓孩子燃起改善的動力，同時增加對父母的信賴感。

相反地，如果在孩子說出缺點時，反諷「你到底是像誰」「家裡不是只有你會亂弄丟東西嗎」「把你弄丟的傘加起來都可以開店了」，這些話只是一再強調缺點，加重孩子的自卑感。

而對於孩子的優點，請盡量說是和另一半一樣，如果說「像我一樣」，很可能激起孩子的反抗，心裡想著「說得好像是你的功勞一樣」「又想趁機叫我照你的想法去做是吧」。但是如果把孩子的優點歸功於另一半，那麼這個讚揚就具備了客觀性，孩子聽到稱讚感到開心，同時也會提高對父母的信賴。

我今天在戲劇課的時候被老師稱讚了。

真的？你一定很開心吧。

我覺得戲劇好像很好玩。

你跟爸爸一樣。爸爸大學時參加過戲劇社，我同學也參加那個社團，所以常常見到爸爸。

哇～爸爸那時候很帥吧？他都演什麼角色？

嗯，爸爸那時候很帥啊，在舞臺上很受歡迎呢。

孩子的不足之處請說「像我一樣」，優點則說「像爸爸（媽媽）一樣」，這樣會讓孩子對父母更信賴，這種信賴也會激發孩子的自尊。

說說已分開的爸爸（媽媽）的優點

「和妻子離婚時女兒還很小，由我獨自撫養長大。」

「辛苦了。」

「我愛我的女兒，因為她讓我覺得很幸福。」

「你很愛女兒吧。」

「為了好好撫養女兒，我做了很多工作，但是一個人很難照顧孩子，所以就交給老家的父母照顧。現在女兒上了國中，我的收入穩定多了，家庭環境也變好了，而且我遇到了一個好女人，想再開始新生活。但是最近和女兒的關係似乎不太好，讓我很困擾。女兒好像覺得自己要被拋棄了。」

「孩子上了國中的確長大了很多，想法也會不一樣。但為什麼你會這麼想呢？」

「我想是因為我有了新的對象。」

「站在孩子的立場的確可能會有那種感覺，這點先請你理解，並用言語表達出來。進入青春期，孩子會對自己的認同感到混亂，心情也很容易混亂。」
「她最近都不太跟我說話，對奶奶也會頂嘴反抗，眞的很苦惱。」

與妻子離婚後，這位父親與年幼的女兒一起生活。後來因爲原本的公司營運困難而開始從事各式各樣工作，上下班時間也不穩定，女兒常常一個人在家。孩子小學四年級時，決定讓孩子轉學到家鄉的小學，請父母代爲照顧。當時孩子哭得很厲害，一直說不想和爸爸分開。

和爺爺奶奶一起生活之後，女兒逐漸適應了學校生活，和爺爺奶奶也相處得很好。但現在女兒上了國中，開始和一些奇怪的朋友來往，也會跟奶奶頂嘴，讓當爸爸的他很困擾。

「你跟孩子說過她媽媽的故事嗎？」
「分開後的頭幾年還會定期和媽媽見面，但後來搬到奶奶家就很少見面了。女兒的媽媽生活狀況也不是很好，已經很久沒有聯絡了。」

「如果能跟女兒講講媽媽的故事就好了。一定要告訴她，她的媽媽是好人，你們是因爲相愛而生下了她。她的出生讓你們都很開心幸福。」

「我很擔心女兒會出問題。」

「爸爸愛女兒，女兒終究會了解。她現在可能正感到混亂，覺得自己的誕生是不是給爸爸和奶奶造成負擔。每個人都希望自己的誕生能帶給其他人幸福。」

「我很珍惜我的女兒。」

「對孩子來說，爸爸有了新的對象，自己又寄養在奶奶家，會覺得做什麼都要看人臉色吧。然而對爸爸來說，女兒是任何東西都無法交換的珍貴存在，所以希望爸爸能用具體的話語和文字對女兒表達你的愛。」

「我會的。」

「希望每個月固定見一次面，看電影、散步、分享生活。孩子透過定期、持續的見面和約定，會意識到對爸爸的信賴和自己的重要性，好好地成長茁壯。」

所有孩子都希望自己的誕生對父母和周圍的人來說是種祝福。在上述的例子中，女孩最痛苦的一點，就是認爲自己的存在成爲父親和爺爺奶奶的負擔。

青春期在漫長的人生中是一個重要的轉換期，身體在成長，準備孕育和培養新生命；心理上也開始擺脫對父母的依賴，準備獨立自主。在確立自我認同的青春期階段，青少年非常關注自己的生命根源——爸爸媽媽是什麼樣的人。對於自己如何來到這個世界的反應非常敏感。父母珍藏著關於孩子誕生的回憶，透過與孩子分享的過程，賦予存在的意義。希望讓孩子相信自己是因愛而生，對父母來說是珍貴且喜悅的存在。

若是獨自養育孩子的單親爸媽，在孩子進入青春期時可能會面臨更嚴重的溝通問題。雖然孩子長大了，但理解力和表達能力並沒有想像中增長得快，這時不要數落離異另一半的缺點，應該讓孩子知道不在身邊的爸爸（或媽媽）的優點，知道他們不管在哪裡都是愛著自己的。

要告訴孩子雖然現在爸爸媽媽不在一起，但是眞心相愛過，因爲有了你感到很幸福，一直到現在都很愛你。當然在養育過程中也有辛苦的時候，但是能夠成爲你的父母是很幸福、很感恩的事……用這些故事提醒孩子重視自己存在，賦予孩子努力生活的動機。

02.
成為自己主人的對話法

「這個問題我比你更了解。」

「這次就聽爸爸媽媽的話吧。」

「你還不懂這個社會。」

父母對孩子的幸福、學業和未來都很關心，因為覺得孩子還不成熟，認為自己比孩子更了解這個世界，所以會在孩子思考之前就先替他們決定。

但是青春期青少年對自己的幸福和未來有很多想法，因為是自己的人生，所以理當要自己思考。雖然許多青少年從表面上看起來似乎沒什麼想法，但實際上沒有一個青少年對自己的未來完全沒有想法，只是父母不重視他們的想法而已。

「現在你還不能自己做決定。」

「拜託這次你就聽我的吧。」

「我們已經因爲你苦惱很久了，不要不知好歹。」

「你不懂這個社會，那種工作很難維持生計。」

「你怎麼會這麼固執，爲什麼就不能再想一想呢？」

「人生沒有那麼簡單。」

這些話都會打擊孩子的自尊。從父母的立場看，會覺得孩子的苦惱不算什麼，認爲「我們做家長的比你更了解、更擔心」，尤其是在決定孩子前途和學業相關的事時，經常會以父母的身分代替孩子決定。

但卻因此讓孩子產生無力感，「原來你們都不相信我」，打擊孩子的信心，讓孩子感到沮喪。如果對自己沒有自信，只是一直聽從別人幫自己做的決定，就會逐漸失去生活的動力和樂趣，那麼孩子就會眞的進入「沒有想法的人生」。

「你一定覺得更辛苦吧。加油。」

「因爲是你的問題，所以你應該很苦惱吧。」

「因爲是你的問題，所以你一定是最累的。」

「你一定會做出最適當的決定。」

「我相信你。我們會一直在你身邊爲你加油。」

看到孩子失誤或失敗，父母的心一定很痛，甚至有時會誤以爲自己比孩子更心痛。但是**要記住，最痛的絕對是當事人。對自己的幸福和未來最關心的是孩子自己，必須認知到這一點，才能眞正幫助孩子。**

無論父母如何對孩子傾注心血，孩子的未來是他們自己的，孩子才是決定未來的人，在任何情況下都不能忘記這個事實，在對話時也一樣。

不要把父母的夢想寄託在子女身上

下課經過走廊時，聽到學生在聊天。

「我媽媽（爸爸）只知道叫我念書，好像希望我在家也不要休息，拚命念書。」

「你媽媽（爸爸）也這樣？我們家也一樣……」

「如果念書那麼好，那他們自己去念啊。不是說活到老、學到老嗎……」

孩子的想法很天眞吧？

認眞想想其實也有道理。父母常常會把自己的夢想投射在孩子身上，也因此壓抑眞正想做的事。父母希望孩子什麼事都做得好，所以連自己本身未能完成的夢想，也希望孩子可以代爲完成，但這樣很容易讓孩子產生負擔。這是青春期孩子最常與父母爭執的問題，這種時候，孩子往往會毫無顧忌地把想法表達出來。

「既然念書那麼好，那爸爸媽媽自己去念吧。」

「爲什麼總是要強迫我？我也有自己的想法！」

聽到這些話，父母可能會很驚訝。

「怎麼可以這樣對媽媽（爸爸）說話！」

「我們都是爲你好啊。」

這些常用的話對孩子來說完全沒有說服力，反而會讓孩子感覺不是爲了自己，而是被父母強迫種下的夢想。

青春期青少年一旦感覺到「爸媽把自己的夢想加諸在我身上」時，就會產生反抗心，即便是自己不排斥的事也會冷冷地說「沒有興趣」。越是這種時候，父母就更應該轉換對話方式，與孩子一起思考。

「媽媽（爸爸）也不認爲學習就是全部，但畢竟學習還是有必要的，只是沒想到會造成你的壓力，眞抱歉！」

「我們了解父母也需要學習，因爲你長大了，爸爸媽媽應該也要一起成長，多理解你。謝謝你成長得這麼好。」

「希望你坦率地說出你的喜好或想法，我會盡可能支持你，因爲媽媽愛你。」

當然，孩子不會因爲父母改變說話的方法就馬上對父母敞開心扉，坦率表達內心想法。通常還是會悶悶不樂地不說話，或是抱怨「爲什麼要那樣對我」。這種時候眞的會感到很鬱悶，甚至想是不是該嚴厲一點孩子才會理解。但還是得沉住氣，先暫停一下。即使在日常生活中對孩子的言行感到不滿意、看不順眼時，也不要立即否定或指責，暫停一下，孩子會因此覺得受尊重，就不再與父母針鋒相對了。

當孩子做出負面行爲，並不是出於討厭父母或想反抗，通常只是反映出遇到困境了，希望父母能多理解一點，請這樣對孩子說：

「希望下次能和你再好好聊聊這個問題。」

「找個時間再談談吧，到時候希望你不要拒絕我喔。」

當孩子介入大人的世界時

「管好你自己就夠了。」

「大人的事你少管。」

「有這種時間還不如多念點書。」

大人因爲家庭事務而煩惱時，青春期的孩子常會插嘴表達自己的意見。這是因爲孩子覺得自己長大了，是家庭的一分子，與家有關的事都應該有發表意見的權利，在日常生活中也會逐漸聽到孩子的意見。以大人的立場來看，對於孩子什麼都不了解就插嘴的樣子可能不以爲然，但請不要指責孩子，也不要因爲沒有禮貌而訓斥。對孩子來說，他是以身爲家庭成員的立場，經過思考後，才鼓起勇氣說出自己的意見。

家中一切平安順遂，孩子才能安穩地成長，因此青少年會關心家事是很自然的。父母可以讚賞孩子長大了、懂事了，懂得幫父母分憂解勞，爲解決問題而提出意見。

當孩子介入父母的談話時，不要衝動地制止或訓斥，先暫停一下，詢問孩子的意見，並肯定他長大了，懂得表達。要尊重孩子對家庭問題的想法，這樣也可以讓孩子藉此機會提高責任感。

「是啊，也可能會那樣。」

「這個主意不錯，讓我們再進一步討論一下。」

「你可以再仔細說一下你的想法嗎？」

青春期的孩子剛離開父母的懷抱，準備踏入現實世界，他們會關注並探索外面的世界，努力尋找自己的定位。與朋友聚會、關心社會議題，與他人比較自己的行動或想法。這段時期，也是思考自己在這世上是什麼樣的存在，容易動搖和徬徨的時期。

「我們也想過那個方法，只是因爲還有其他問題，並沒有那麼簡單，也擔心那樣做無法解決問題。」

「爲什麼會發生這種事呢？」

「就是啊。如果是你，你會怎麼做？」

青春期的青少年不希望只是得到父母的保護，也希望可以一同解決問題。如果父母能好好傾聽，表現出支持的態度，就能刺激孩子產生更多想法，對自己的信心也會增加。所以父母要放下對孩子的保護和照顧，學習並實踐傾聽及親切回應的對話方法。

03.
尊重反對意見的對話法

「我的想法和你不同。」

「我認爲不是那樣。」

「我不同意。」

父母往往不習慣孩子表達反對的意見，當自己爲孩子著想而提出的建議被反對或不領情時，多半不知所措。認爲自己是爲了他們著想，但卻立刻遭到拒絕，感到很錯愕。

如同父母的心情，孩子心裡也不舒服。**在父母眼中可能會覺得孩子沒禮貌，但對青少年來說，可是鼓足了勇氣拒絕，希望父母可以先理解這點。**

或許覺得我才剛說完孩子就「立刻」反對，但在孩子心裡其實已經產生很多想法，同時伴隨了無數次「眞的可以拒絕嗎」的自我懷疑。另一方面，孩子有了與大人不同的想法是很值得讚許的事，正可證明孩子已經成長、有自己的想法，不再只是照著大人的指示去做。

青春期的孩子要說出不同於父母的想法「需要很大的勇氣」。亞洲國家向來教育孩子要順從，不管在家或學校，乖順的孩子總是受到大人的喜愛和稱讚，這些孩子也知道，所以對他們來說，說出與大人不同的意見眞的需要很大的勇氣。

能向父母和老師坦率地表達自己的想法，勇於提出反對意見的人，長大後必然也能建立互相尊重的民主關係。

「原來你這樣想啊，謝謝你告訴我。」

「對我來說，你的想法最重要。」

「你能詳細地告訴我你的想法嗎？」

青春期的青少年必須透過成功經驗才能相信，即使向父母坦率表達反對意見，也能維持穩定關係。所以即使想法不同，父母只要扮演好傾聽的角色，親子之間就可以相互信任，成長爲對等的關係。

任何人要說出反對他人的話都需要大量的勇氣及思考。所以希望大人們能以平等的態度尊重青少年，讓他們可以有自信地表達自己的意見。

可以抱一下嗎？

我可以抱抱我可愛的女兒（兒子）嗎？

不要。

有些父母認爲自己有權隨時隨地對子女表達愛意，不管孩子願不願意。未經同意就擁抱、親吻孩子，被視爲象徵「家庭和睦」，許多父母因此感到自豪。但是青春期是「做自己人生的主人」這個想法大幅成長的時期，孩子也必須從日常生活中不斷確認自己眞的擁有決定權。雖然父母愛孩子是天經地義的事，但也不要太隨心所欲地擁抱、親吻，試著從小就詢問孩子的意見，讓孩子學習自己決定，這樣有助於成長爲自己人生的主人。

不過這也不是單方面就能做到的，這樣的詢問通常會得到拒絕。尤其是青春期的孩子，如果父母自作主張擁抱的話，孩子會抗拒：「不要假裝很親近的樣子。」若是先問過：「我可以抱抱我的乖女兒（兒子）嗎？」答案通常都是「不要。」追問「爲什麼？」孩子也只是簡短地說：「就是不要。」這種時候父母親不必手足無措，只要溫柔地說：

「下次給我機會吧。我愛你。」

一般來說，若有機會可以拒絕，青春期的孩子通常都會選擇拒絕。有時是爲了試探對方的意圖而故意拒絕，這種時候若是追問，得到的答案通常都是「就是不要」，並產生警戒。而遭受拒絕的父母可能更不知所措，有的會追問原因，也有的父母忍不住發怒。因爲在父母的青春期，甚至是整個成長過程中，根本沒有過「拒絕」父母的經驗，因此對子女拒絕父母這件事感到很陌生。但如果遇到這種狀況總是追問為什麼不要或發怒，那麼將來當孩子真正需要自己選擇時，往往就會沉默不敢表達意見。我們必須幫助青少年成長為能夠坦然表達意見的人。

無論是提問或被拒絕，孩子和大人都要習慣。在提供建議之前，先告訴孩子可以拒絕，這也是一種方法。孩子在表示拒絕之後，父母應該溫柔回應。尤其是平常總是順從父母意見的孩子，如果知道父母也會聽取自己的意見，而且可以拒絕時，就會逐漸勇於坦率地表達自己的意見。

我可以抱抱我可愛的女兒（兒子）嗎？

不要。

為什麼？

就是不要。我現在沒有那種心情。

好，我尊重你。那什麼時候可以？

再說吧。

我很愛我們○○，希望這個星期給我一個機會抱抱你。

知道啦，我再想想。

請不要干涉我的事

「孩子口口聲聲叫我不要干涉，可是難道叫我眼睜睜在一旁看嗎？」
「說什麼他自己會看著辦，但總要先知道有什麼才能看著辦啊，眞讓人擔心。」

在這種情況下要責備孩子是最難的。

若指責孩子「你不是說自己會看著辦嗎」「上次不是也說你自己會處理，結果根本就不行啊」，這些話對解決問題一點幫助也沒有，只會使關係惡化。從孩子的立場來看，覺得父母不信任自己，產生更嚴重的抵抗感。

首先，當孩子說「我自己看著辦」「我自己處理」時，可以看作是一種好現象。幾乎沒有一個孩子會說「我會按照媽媽說的去做」「不管媽媽要我做什麼我都會照做」。如果孩子說出這種話，那才眞的需要擔心，父母應該好好反省了。

「你要自己處理很好啊，謝謝你。」
「爲你的人生考慮最多的人就是你自己。」
「我會努力尊重你的決定。不過希望你可以提前讓我知道你的計畫，希望有我幫得上忙的地方，因爲我很愛你。」

說完之後再聽聽孩子的想法，然後一同把現在正在做的事和計畫想做的事研究一下，不要忘了多稱讚孩子。

例如孩子說不想上補習班，想要自己念書，這時不要質疑孩子：「你什麼時候自己念書了？」或是威脅：「我會盯著你，不行的話就要聽我的。」應該和孩子一起思考，鼓勵孩子解決問題。當孩子表現出爲自己的事而努力的態度時，要積極稱讚。

「你要自己處理很好啊，謝謝你。可以先制定基本計畫讓自己動起來，媽媽（爸爸）也會幫忙的。」

關注孩子制定基本計畫的過程，並給予鼓勵。

「好，我們兩週後再一起討論。加油！」

給予鼓勵，確認再討論的日期和時間後，在日曆上標記出來。

兩週後，在約定的時間一起檢查進行過程。在此過程中，找出值得稱讚的地方，給予孩子滿滿的稱讚，並約定下一次討論日。

孩子需要的是父母對自己的信任，持續支持自己的選擇並給予關注。爲了讓孩子感受到父母的愛，必須努力相信孩子、幫助孩子實踐想做的事、親切對等的談話……這些都很重要。不要根據父母主觀的價值觀和期待、偏好來看待孩子，要引導孩子找到自己喜歡的事物，珍惜自己、愛自己。只有懂得珍惜自己的孩子，未來才能過得幸福。

安全最重要

「早點回家！」

「太晚就打電話給我。」

「為什麼不接電話？」

父母因爲擔心孩子的安全，會提出各種要求和約定。但是青春期的孩子很容易把父母的擔心當作是不信任自己或想控制自己的表現。

父母應該特別跟孩子說明爲什麼會擔心他們的安全，雖說應該尊重孩子，但與人身安全有關的事，還是必須和父母討論，因爲青春期的孩子並未成年，仍然需要父母的守護，但同時又很想獨立自主。因此父母必須拿捏給予信任和守護之間的距離，並讓孩子知道，若是遇到危險，父母隨時隨地都會飛奔前去。

當孩子與朋友在外面玩到很晚，不要一直奪命連環call，催促著「到底什麼時候才要回來？」「為什麼那麼晚還不回家？」只要適度表達關心，提醒孩子有需要時一定要請求幫助就夠了。

青春期的孩子渴望獨立，即使遇到困難，也會裝模作樣地不讓父母知道，一方面是怕父母擔心，另一方面也是怕給父母帶來麻煩。為了避免孩子因為那樣的想法而在眞正需要幫助時不敢求救，平時就要多多在對話中建立觀念。

你能夠健康平安地成長才是最重要的。

我自己會看著辦。

人是沒辦法只靠自己的力量生活的，所以才會有社會安全機制，像119、警察、心理諮商、醫院等，都是可以提供幫助的社會安全網。

我知道，我又不是小孩子了。

我知道你長大了，不過即便是大人也會遇到很多很難靠自己力量解決的事。有時我也會想：「當我遇到困難時可以找誰？如果家人都聯繫不上那還可以找誰幫忙？」為了以防萬一，還是必須有幾個在緊急狀況時可以連絡的親近的人呀。

我不想給別人添麻煩。

但父母不是別人呀。

……

對爸爸媽媽來說，沒有什麼比你的安全更重要。我們隨時都準備好飛奔到任何地方保護你的安全。我信任你、尊重你，但是安全問題必須嚴肅看待。我希望你遇到危險時一定要跟爸爸媽媽請求幫助，答應我。

我保證在遇到危險時一定會向爸爸媽媽請求幫助。

謝謝你，我愛你。

父母也要能拒絕才是健康的關係

「父母不能拒絕孩子嗎？」

在親子關係中，父母有時也會受傷。當孩子詢問「還好嗎」的時候，父母大多會逞強地說「沒事」。表面上若無其事，內心卻耿耿於懷。這時候到底要怎麼說才好呢？

不一定是與孩子的對話，在任何時候都要愼重而坦率地表達自己的心意。對方的心情固然重要，但如果迴避自己的情緒，就無法與對方維持良好的關係。所以遇到不開心的狀況時，可以說：「我可以理解你，但老實說我心裡也覺得有點不舒服。」語氣柔和但態度愼重。或許有父母會問，這種方式可以用在與青春期孩子的對話上嗎？

「我的孩子在失誤或引發問題後，都會問我『媽媽妳還好嗎？』通常我會說沒事，但老實說心裡還是覺得不舒服。這時候到底該怎麼說才好呢？」

在這種情況下，愼重而坦率地表達自己的心意非常重要。當然不能有斥責孩子的想法，但可以坦白說出感受，表達希望孩子多留心注意，這樣媽媽心裡才不會覺得那麼不舒服。可以平靜地對孩子說：「我知道你的想法，也能理解情況，不過心裡還是覺得不太舒服。」若孩子能了解並道歉，一定要再回應：「我當然知道你不是有意的，我可以理解。謝謝你的道歉。」

父母有時也會因爲子女的言行而受到傷害。即使是自己珍愛的孩子，但如果有不禮貌的行爲或讓父母感到受傷的時候，還是要把感受告訴孩子。

越是熟悉，越是不容易表達情緒。明明因爲對方而心情不好，還是裝作若無其事地說沒關係，其實這樣只會讓心裡更不愉快。因此，平靜而坦率地表達心情是必要的。透過這樣的對話，孩子也可以學習如何適當地表達自己的感受，而不是衝動地把情緒反映在言行上。

拒絕子女的無理要求

「我什麼都可以爲你做。」

「你只要好好念書就好。」

對於父母來說，子女是珍貴的存在，爲了讓孩子有個美好的未來，父母責無旁貸。尤其是像念書、學習這些對未來有幫助的事，父母一定會排除萬難爲孩子付出。

但是父母和孩子對話時，必須明確說出什麼是「可以做到」，什麼是「有困難」的事。當孩子提出無理的請求時，其實他們自己心裡多少也知道很難實現。現在的孩子已經不會因爲父母一句「你什麼都不用擔心，我會爲你付出一切」「你只要努力念書就好，爸爸媽媽會提供全部所需」而感動，然後努力朝父母所期盼的方向前去。青春期是一段可以了解世界眞實面貌的時期。

青少年對家庭狀況，或是父母的社會、經濟條件這些事，實際上比父母想像中還要了解。也就是說，即使父母口中說「沒有什麼做不到的」，青少年也能自己判斷這句話是不是眞的，甚至有些比較敏感的孩子會對這樣逞強的父母感到憐憫。

相反地，如果父母坦率地與孩子分享家裡的實際狀況、生活上的困難，表達雖然在物質方面可能不夠充裕，卻不減對孩子的愛，同時會不斷努力。這樣反而可以提高親子之間的信賴感，培養孩子客觀看待問題的能力。

「雖然很努力，不過似乎並不容易。」

「努力過卻還是很難做到，不如我們想想別的辦法吧。」

「我也希望可以照你的想法去做，雖然很困難，但我正在努力。」

「我們一起努力，這樣你也可以學到更多，有更豐富的體驗。」

可以讓我去整型嗎？

許多家有青春期孩子的父母大概都有這樣的經驗，要一起出門時總是得花很多時間等待，因爲孩子會不停地照鏡子，頭髮一弄再弄，不斷確認自己的裝扮，不知不覺時間就過去了。這種時候催促孩子是沒有用的，最好的方法就是耐心等待並稱讚孩子。

青少年時期可說是一生中最注重外貌的時期。走在街上會在意他人的目光，感覺所有人都在看著自己，對外貌特別重視，甚至會希望擁有如藝人一樣的外貌。

「可以讓我去整型嗎？」

聽到孩子這樣問，父母會是什麼樣的心情呢？這個問題代表了孩子渴望改變容貌。

「你長得又不難看。」

「錢從哪裡來？」

「你要對自己有信心。」

「人要照著自己原本的樣貌生活，這樣才有福氣。」

一般父母大概會用這些回答來否定孩子的要求，也爲對話畫上句點，很難再繼續下去。像這種狀況，還是需要持續對話才能解決問題。

可以讓我去整型嗎？

你想整型啊？

是啊。

你想整哪裡？

嗯……鼻子。

為什麼？

希望高一點、挺一點。

這樣啊。可是我覺得現在的你就很好看了，可能你有別的想法，不過，這個問題等你二十歲以後再來討論吧。

為什麼？

你現在還在成長，長大一點想法可能會不一樣。隨著身材樣貌的改變，加上漸漸找到符合自己風格的服飾和裝扮，說不定會有不同的想法……如果到了二十歲你還是覺得非整不可，我們再來研究看看怎麼樣？

重點是要確保對話不間斷，繼續交流想法。透過這種方式表達不管怎樣，父母對孩子的愛和關心都不會變，隨著對話進行，可以更加理解彼此的想法，加深信賴感，也可以提供父母的經驗和意見拓展孩子的思考範圍。

青春期的孩子有時會很認真地說出願望，或許不一定付諸實行，但他們會有很多不同的想像。這時不要去追究那些願望好不好、對不對，不如進一步了解孩子為什麼會有那種想法，在合理範圍內認同一部分，有些問題則可以等到時機成熟時再討論，減少父母和子女的心理負擔。

和想要名牌的孩子對話

所謂的名牌迷思，已經逐漸滲透到青少年身上了。他們開始追求名牌包、名牌潮鞋。不管如何勸說內在比外表更重要，但青少年還是會反駁：「那是因為我還沒有能力吧？可是我還是想要。」該如何面對這樣的孩子呢？「都十幾歲了，也該懂點事了吧……」「辛辛苦苦養大，沒想到……」父母心裡其實也不高興，雖然很想發脾氣，但那樣又會讓對話無法繼續。

青春期的孩子會想要名牌，其實不能完全怪他們，很大一部分原因出在社會的消費導向文化對孩子產生了影響，久而久之讓孩子在價值判斷上出現偏差。因此，這不單只是孩子的問題，而是整個社會文化的意識問題。這種時候不要劈頭就對孩子說：「不行！」「那種想法是不對的！」應該把這些問題拿出來和孩子一起思考，以對話來化解。

首先平淡地認同孩子的慾望，再進行接下來的對話。根據孩子的性格，有兩種類型的對話方式可以提供參考。

第一種類型

我想要買名牌。

名牌？有特別想要的東西嗎？

嗯，我有想買的東西。

是什麼？

可是說了也沒用吧，反正以我們家的狀況應該買不起……

如果是妳很想要的東西，買了也無妨。把零用錢存起來，媽媽可以再貼補一點。

零用錢怎麼可能存到十二萬？

這麼貴啊？話說我自己連一個名牌商品也沒有……萬一妳覺得其他擁有品牌包的父母比較好，不喜歡媽媽了，該怎麼辦？

算了啦，媽。還有妳擔心什麼啊？什麼叫我會覺得有名牌包的媽媽比較好！

我也會擔心要是比不上別人的媽媽，妳會不喜歡我啊。

誰會因爲沒有名牌包討厭自己的媽媽？我才沒那麼幼稚……

所以說，即使沒有名牌，妳也不會討厭媽媽對吧？謝謝妳。

……

因爲有妳，所以我一點都不羨慕其他有名牌包的媽媽，愛妳喔。

第二種類型

我想要買名牌。

名牌？有特別想要的東西嗎？

包包。

如果妳眞的想要，那就把零用錢存起來，到時爸爸媽媽也補貼一點。只要是妳眞的很想要的東西，那就買吧。

存零用錢？零用錢怎麼可能存到十二萬？

哇！這麼貴，怎麼會有人買啊？

漂亮啊。

也是，一定很漂亮。不過錢可以有很多用途。十二萬元的話，一個月存兩千五百元要存四年。爲了買一個包包有必要花那麼多錢和時間嗎？即使有錢，我也不想買那麼貴的包包或衣服。買個看起來不錯又耐用的包包就好，我比較想把錢花在和妳一起做其他的事。

例如什麼？

旅行啊。不只是國內旅行，還希望帶妳去世界各地。在妳長大成人之前，我想和妳一起去旅行，留下很多美好的回憶。因爲生下妳、養育妳，讓我了解生命是多麼重要和珍貴的存在。以前看著小小的妳就覺得好可愛、好幸福。現在看妳長大了，我的心裡更踏實也充滿感恩。有妳在我的人生眞的很幸福，媽媽愛妳。

青春期青少年其實對自己家庭的經濟狀況已經有一定程度的了解，對世事萬物也開始有了是非的概念，父母只要認眞看待孩子的話語和想法，孩子也會加深與父母對話的意願。透過對話整理思緒，了解生活中最珍貴的是什麼，不再盲目隨著潮流追求自己不需要的東西，而是專注在找尋對自己有益，能讓自己快樂的事。

青春期的孩子如果能和父母經常對話，討論各式各樣的主題，不但可以促進親子關係，還能提高信賴感。

幸福的生活很重要

「我的孩子好像沒有什麼夢想，沒有特別喜歡的事，也沒有特別擅長的技能，讓我很擔心。」

「孩子以後要走哪一行才會比較幸福呢？」

「只有早點決定將來的職業，才能及早準備，提早朝向專業學習不是嗎？」

關於子女的未來，父母常有這些疑問。但是許多父母都誤解了，思考孩子的未來並不是幫他們決定走哪一行、從事什麼職業，而是教導他們如何追求幸福生活。比起煩惱孩子將來做什麼工作比較好，父母應該藉由「觀察和對話」來了解孩子正在關注什麼，以及孩子在做什麼事的時候特別開心。

「不需要太快決定未來的職業。」
「幸福取決於對生活的態度，而非職業。」

希望青春期的青少年能夠多嘗試不同領域，給自己機會找到眞正喜歡、有興趣的事物。去不同的地方旅行，學習樂器、畫畫、跳舞，嘗試在眾人面前表演，培養快樂生活的力量，這些也是很重要的事。

在我們生活周遭很容易看到因爲做著不喜歡的工作而煩悶的大人。剛開始覺得好像很不錯，但時間一久，就會漸漸意識到這不是適合自己的工作。因此對青春期的孩子來說，不需要太急躁，職業或夢想可以慢慢決定，現在最重要的是幸福、愉快地學習有興趣的事。

生活愉快，興趣領域也會變得寬闊，可以進行各種體驗和探索。從中找到自己的興趣或專長，再專注學習，自然就會成爲未來的職業方向。不管走哪條路，都是自己的選擇，**只希望孩子在青春期時不要只著眼於某種特定職業的成就，能有更多發現人生價值，享受學習的經驗。**

04.
零用錢的支付方式與自尊

脫離父母，成爲社會上的獨立個體，這是青春期青少年的目標也是這個階段的課題。他們與同儕朋友度過的時間比與父母一起度過的更多；也會有更多時間停留在學校和家以外的地方，特別是有了可以獨自進行經濟活動的機會。青少年開始自己購買生活必需品、文具用品或興趣愛好相關的各種物品，也會經常和朋友在外用餐，而這些都需要錢。

青春期的青少年雖然還無法賺錢，但因爲在外的時間變多，爲了維繫朋友關係或學校生活所需，會有一些必要的支出。青少年如何取得零用錢、如何使用零用錢，這些問題對親子關係有著重要的影響。青春期可以說是體驗經濟活動的學習過程，以下就來看看國一的學生如何取得零用錢吧。

「我們家是每個月在固定的日子給一定金額的零用錢。」
「我們家沒有固定，而是把親戚長輩給的零用錢和過年的壓歲錢存起來，當需要用錢的時候再向父母領用。」
「零用錢嗎？我們家是每個禮拜給。」
「我的零用錢都花在交通費和買零食上面，不夠的時候才會跟爸媽拿。」

根據父母給予零用錢的態度和方式不同，也會影響孩子的自尊感。**既然決定要給孩子零用錢，就該慎重考慮青春期孩子的立場，用可以提高自尊感，形成與父母的民主關係，又可以學習經濟活動的方式比較好。**

在這個篇章，我將介紹以「基本生活費」和「目的性經費」兩種零用錢的支付方式。

關於零用錢的問題，一定要在家庭成員全體出席的會議上決定方式和金額。平時對家庭會議參與度不高的孩子，知道要討論自己的零用錢問題，態度通常會變得很積極，很樂意並認眞參與會議。

把零用錢更名爲「基本生活費」

首先，請將「零用錢」改名爲「基本生活費」，定期支付。「零用錢」和「基本生活費」的意義完全不同，零用錢本質上可以看作是父母隨心所欲施予孩子的恩惠，而基本生活費則是以家庭角度出發，從家庭收入中支出一部分作爲保障家庭成員基本生活的權利。

一般家庭在給孩子零用錢時，通常採取定期定額的方式，只是在支付時很少會顧慮孩子的心情。有時會晚個幾天，或是用扣零用錢來作爲犯錯時的懲罰。

關於零用錢，我們先聽聽青少年怎麼說。

「被爸媽責罵而頂嘴後，才發現就快到發零用錢的日子了，於是苦惱是不是應該去向爸媽道歉，要不然萬一他們不給我零用錢怎麼辦。」

「沒錯，我也有過類似經驗，當時覺得爲了拿零用錢而道歉有點卑微的感覺，所以就沒有道歉，結果晚了好幾天才拿到零用錢。」

「哇～我上次考試考差了，結果隔天剛好是發零用錢的日子。爸媽先罵了我一頓才給我零用錢，感覺很差，心裡其實不想收，但又覺得不收的話很吃虧，最後還是收下了，只是覺得自己有點悲慘。」

很多青少年在收到零用錢時，都會聽到父母說「省著點用」或「要用功讀書」之類的話，會有一種低下卑屈的感覺，好像必須爲此而迎合父母。如果沒有按約定時間給零用錢，多問一句還會被訓：

「你念書有那麼認眞就好。」

「叫你做事不好好做，還敢要零用錢。」

「等你自己賺錢就知道錢有多難賺，省著點花。」

最嚴重的是會追究零用錢的去向。

「爲什麼要把錢花在沒用的地方？」

「我給你零用錢不是爲了讓你用在那種地方的。」

「你怎麼把零用錢全花光，都不會存一點起來。哪怕只是幾塊錢，也要養成節約儲蓄的習慣。」

從得到、花費的過程中，孩子可以學到很多東西。但不該是看父母臉色，覺得自己很卑微，而是要讓零用錢眞的對孩子的生活產生幫助。就從改名開始吧，把零用錢改爲「基本生活費」，讓孩子把錢用在該用的地方，一起制定規則並給予支持。

制定基本生活費規則

基本生活費可以透過家庭會議來決定金額、給付時間，通常以一個月一次爲宜。在決定金額時，可以先讓孩子知道家庭經濟狀況，參考其他家庭的金額，一邊討論一邊協調，最後決定一個大家都同意的金額。如果包括交通費和學習用品等必要支出，那麼金額可能會有所不同。

以我們家爲例，從孩子高中開始，在固定的基本生活費中追加了置裝費，以季爲單位，也就是每三個月包含在基本生活費中一起支付。孩子可以自己去購買適合的衣服、褲子。像外套這類比較貴的支出，就會編列在目的性經費中，陪同孩子一起去選購。自從孩子開始用併入基本生活費中的置裝費買衣服之後，反而更節省了。

以下來看看基本生活費的特點和支付方法。

第一，基本生活費應該以家庭成員的權利爲主，透過家庭會議討論金額，定期定額存入孩子的帳戶中。

第二，考慮到子女的年齡、生活條件的變化、物價，再配

合家庭經濟的變化，每年年初透過家庭會議討論是否調整金額。

第三，基本生活費要確保孩子擁有使用的自主權，提醒孩子自己管控支出，而父母對支出項目盡量不要干涉。但前提是要與孩子約定基本生活費不得用於購買危險性或有害健康的用品。

第四，基本生活費是孩子的權利，所以不能因爲孩子犯錯或惹父母生氣就取消作爲懲罰。甚至萬一發生孩子離家出走的狀況，仍必須按時支付基本生活費。

第五，除了基本生活費以外的費用，則另列爲「目的性經費」，下個段落會詳細說明。

隨著孩子成長，小學、國中、高中的生活方式都會有很大的不同，基本生活費的需要範圍也會擴大，這些在每年年初的家庭會議中都可以和孩子一同討論、決定，孩子也會藉此學習到更多。

另外，每次召開家庭會議時，都要共享家庭經濟狀況，以討論基本生活費爲契機，還可以規畫每月一次家庭聚餐、運動等凝聚家庭感情的活動，或是像家族旅行、拜訪親友等，提高孩子的參與度，增加孩子的自尊與獨立思考能力。

目的性經費

有時會有一些額外的支出，只靠基本生活費不足以負擔，需要投入更多金錢的狀況，這時候就可以另外列出「目的性經費」。

目的性經費顧名思義就是用於特定目的的費用，必須與監護人商議後才能取得。例如自行車故障、學校旅行或各種額外的學習活動等，孩子在與把關的父母詳細討論後，再另外領取特別費用。

以我們家爲例，基本生活費由媽媽支付，目的性經費則與爸爸商量後再請領。根據不同的家庭狀況，父母可以分擔不同角色。實行後發現，目的性經費的需求可以讓孩子學習溝通、說服，同時也讓家長藉機多了解青春期孩子的生活。除了孩子可以主動要求目的性經費之外，父母也可以視狀況編列目的性經費，交給孩子使用。

例如在重要考試後或孩子生日時，父母可以用考試成績優異或生日禮物的名義，額外給孩子一筆目的性經費讓他們去運用，再加上一些鼓勵的話，相信孩子會很感動。

孩子有時會爲了買某些特別的物品或參加活動而需要用錢，因此必須學習如何說服父母。而父母在同意並給予孩子該筆經費的同時，也可以跟孩子約定將購買的物品或活動的照片傳給父母，以茲證明。在這些過程中，親子之間會進行很多對話，孩子會學習到要爲自己做的事負責，與父母的關係也會變得更親密深厚。

基本生活費的教育效果

有的家長會擔心，如果固定支付給孩子基本生活費，孩子會不會變得不珍惜金錢，覺得反正每個月都會拿到，就沒有存錢或節約的概念了？關於這個問題，我們先來看看領取基本生活費的青少年們怎麼說。

「每個月都有錢，不必擔心沒錢用，心裡很踏實。」

「爸爸媽媽每個月工作領薪水，我也有一種每個月領薪水的感覺。」

「上國中後開始拿到基本生活費，讓我有被尊重的感覺，也覺得自己應該要好好地用錢。」

「等我以後會賺錢了，也想像現在這樣，定期給父母一些錢用。」

「這是父母信任我而給我的錢，所以在花的時候會制定計畫，多少存一點起來，以後可以買想要的東西。」

「物價上漲、退稅這些事對我來說還很複雜，但是因爲那些原因我可以多領一點錢，所以現在只要出現那些名詞我就會特別注意，感覺和我也有關聯。」

對於基本生活費的正面效果，綜合青少年的意見整理如下。

第一，在與父母的關係中，可以提高存在感和安全感。覺得存入自己帳戶的基本生活費的的確確是屬於自己的錢，所以感覺很安心，擁有一種不需要看人臉色的安全感。

第二，可以制定用錢計畫。因爲會定期收取一定的金額，所以可以預定制定消費計畫。例如爲了想看的演唱會，可以有計畫地存幾個月的錢，或是提早準備購買朋友生日禮物的費用等。

第三，作爲家庭成員的歸屬感變高，對於家庭經濟狀況的關注度也提高。每次領取基本生活費時，都會有一種身爲家庭成員的認同和被保護的感覺，覺得我們一家人又一同迎接全新的一個月。

第四，孩子會更關注社會福利、物價上漲或稅務問題，開闊眼界。

基本生活費可以說是父母保障子女穩定生活的一種家庭福利制度。透過這樣的過程，青少年可以延伸到對社會團體或國家提供的社會福利產生進一步了解和興趣。例如因爲物價上漲，花費會變多，所以調高基本生活費，因爲父母得到退稅，所以加碼基本生活費等，這些都會讓孩子想開始多了解物價、稅務等未來自己會面對的經濟問題。

第四部

坦率表達情感的三種對話法

情感對人類的行為有很大的影響。

特別是青春期的青少年，行動上容易受情感左右。在兒童時期單純接受並順從的事，到了青春期就沒那麼容易接受。情感、慾望、對獨立自主的渴望等，各種想法會急速爆發。

但是青少年還不太會調節自己的情緒，無法仔細評估整體狀況，冷靜地用言語表達想法。從青春期青少年的腦細胞結構和發展過程可以看出，調節情緒的能力尚未成熟，負責理性理解和判斷的額葉也還在發展，所以心情的起伏很大，一點小事也會嚴重動搖情緒。

青春期的孩子常會因為無法控制情緒而突然爆怒，因此甩門、把自己鎖在房間裡，這並非只是成不成熟的問題，也不能單純以「叛逆」來解釋。只能說，這是因為他們還沒有學會了解、調節自己的情緒而出現的態度。

另一方面，如果看起來很安靜、表現出接受態度的青少年，就是可以控制情緒嗎？通常看到說話輕聲細語，動作較少的青少年，會覺得他們懂得控制情緒而感到放心，但其實這類型青少年是把日常生活中無法表達的情緒都積在心裡，哪天累積到一個臨界點可能就會突然爆發。對父母來說是青春期的反抗，但在青少年的立場，這些行爲是在保護處於危機中的自己。

青春期很重要的課題之一，就是透過與父母和朋友的關係，來尋找並理解各種情感發生的原因，學習管理和調節的方法。

第四部將要介紹坦率表達情感的三種對話法：「慢一拍對話法」「積極表達情感對話法」，以及「讀懂情感對話法」。

01.
慢一拍對話法

慢一拍對話法，是在與對方發生衝突之前，先給彼此一點時間回顧整理狀況。可以提議「我們都先想一想」或是「先喝口水再聊吧」，給彼此一點緩和的時間。

當問題發生時，如果順著情緒立刻開口，通常會冒出「爲什麼會這樣？」「你說現在該怎麼辦？」這種像在追究責任的話。但如果能先停頓一下，會更清楚看到處於問題狀況中的孩子，他那不安的表情、畏縮的樣子，著實讓人心疼，那麼父母就會從指責轉爲憐惜的心情來對孩子說話。而父母這種情緒的轉變也會立即傳達給孩子，讓對話更順利進行。

當發生問題時，重點不在於訓斥和威嚇，而是雙方都應該先思考再對話，回顧整理狀況，如果父母被一湧而上的憤怒心情包圍，脫口指責，孩子為了避免傷害，很可能會回以攻擊性的話語，那麼衝突就會擴大。若是以訓斥出發，孩子就更無法放鬆。平心靜氣才能好好溝通，所以這種時候最需要的就是先慢一拍。

有時孩子明明犯了錯卻惱羞成怒，怪罪於父母。父母也是人，莫名其妙被遷怒，便容易與孩子起爭執，互相埋怨。

在這種情況下，**慢一拍可以讓心情受到傷害的父母和孩子先冷靜，才能進行有意義的對話，而非情緒性的發言。**接下來就看看在比較激烈的情況中，如何運用慢一拍對話法讓溝通可以繼續。

生氣和不愉快的情緒湧上心頭時，先忍住不要立刻開口或行動，在心裡默數「一、二、三」，慢慢吸氣、吐氣，幾個深呼吸可以讓心情會變得比較平靜，避免說出攻擊對方的情緒性話語，而是進行詢問對方想法的有意義的對話。

你這是在對我發脾氣嗎？

青春期青少年在情感表達上比較傾向以自己的感受爲中心，常常直言不諱，不夠客觀。孩子小時候即使把家裡弄得亂七八糟或惹些麻煩，大人幾乎都能理解，甚至覺得小孩調皮的樣子很可愛，但當成長到青春期，就很容易對青少年的所作所爲看不順眼。

父母對青少年動不動就惱羞成怒的態度覺得沒有禮貌，感到傷心和氣憤，這都是因爲他們已經不再是孩子了。從父母的立場來看，子女長到這個年紀卻反而更無法理解，心情難免煩躁，不知道該怎麼跟他們溝通。

這種時候，與其急著回應，不如停下來，慢一拍再回應。父母心裡覺得煩躁，就會不自覺迴避孩子的情緒，所以**爲了調整和保護身爲父母的心，慢一拍再進行提問或對話。不要急著評斷孩子竟然對父母發脾氣，而是先靜下心，再詢問孩子的感受，這樣才能讓對話繼續。**

「你這是在對我發脾氣嗎？」

這樣的提問讓孩子可以回顧自己的行爲，並給孩子爲自己辯護的機會，孩子可能會說：「不是，我不是在生媽媽的氣……」或是反問：「媽媽覺得我在生氣嗎？」不管怎麼樣，接受孩子的心，再繼續進行對話。

我想你應該不是在對媽媽發脾氣，只是講話突然變得這麼大聲，讓我嚇了一跳，所以才問的。

我講話聲音變大，媽媽會嚇一跳嗎？

當然會啊，媽媽希望可以和你好好溝通。

如果父母可以抱持這種理性態度，親子間就能建立更友好的關係並順利對話。

如果忘記先慢一拍，那麼父母可能會因爲委屈也忍不住大聲：「你爲什麼那麼生氣？」大部分青少年會說：「我哪有對媽媽發脾氣，妳這樣我要說什麼？」心裡只想著該如何迴避吧。

「不是生氣是什麼？爲什麼要對媽媽大吼大叫，說話這麼冷漠？」繼續不必要的爭論或吵架，對彼此溝通完全沒有幫助，實在令人惋惜。

青春期的孩子聽到「出去！」就會眞的出去

孩子因爲小事和爸爸的意見不合，爭吵越來越激烈。孩子氣不過而跑出家門，一直到深夜才回來。回顧那天，父子倆都特別敏感，說話都很衝，孩子頂撞了爸爸，爸爸一氣之下厲聲說：「出去！」孩子就馬上衝出家門。一直到太陽下山，天全黑了還沒回來，一家人開始坐立不安，期盼門鈴聲響起。

叮咚～

是○○嗎？快進來。

……

孩子低著頭站在門口，全家人都衝到門口迎接。

快進來，回來就好。

……

你不知道我有多擔心，還好你回來了。

下午我跑出去的時候有看到媽媽光著腳追出來，
那個畫面我一直忘不掉……

我的兒子是最重要的……

對不起。

爸爸才要說對不起。謝謝你回來了，在這個家裡，
我們都是主人，爸爸不該叫你「出去！」我保證下次
不會再這樣了。

家有青春期的孩子，父母在不知不覺中也會變得情緒敏

感，不管說什麼都很容易發生衝突。這時絕對不能對孩子說「出去」這種話，一旦這樣說，孩子可是會眞的跑出去的。你若是問：「爲什麼要出去？」孩子會說：「爸爸叫我出去，所以我就出去了。」

那天孩子回來後跟他聊了一下，孩子說：「一跑出去，才發現自己有很多事做不到，感覺一無是處。」孩子衝動離家，卻因此而認知到自己目前什麼都沒有，若要獨自在外面生活是很困難的，因此感覺自卑、無力。

孩子結束在大街遊蕩，終於回家的理由，是想起了「媽媽赤腳追著自己，實在很擔心媽媽，所以決定回家。」但是在回到家門按下門鈴前，深深的挫折感不斷從心底湧現，自尊大受打擊，甚至產生了乾脆消失的想法。

這時我對孩子說：「你是這個房子的主人，是這個世界的主人。家裡沒有人應該叫你出去。還有，不管是誰，都不能命令你離開自己生活的家，懂嗎？」

你不能出去，媽媽出去

家有青春期的青少年，常會發生情緒衝突的狀況。

有時候盛怒之下口不擇言，一旦說了「出去！」就會變得很難和孩子待在同一個空間裡。這時候仍然建議慢一拍，與其讓孩子出去，不如大人出去冷靜一下。

「○○啊，你是這房子的主人，所以不要出去，待在家裡，媽媽心裡憋得慌，出去透透氣再回來。」

這樣說完就出門。

到外面看看天空、深呼吸，大部分的堅持都會變得雲淡風輕，覺得心情輕鬆，就可以帶著與之前完全不同的心情和表情回家。當然，留在家裡的孩子可能會因此感到內疚和尷尬，沒想到居然是父母出去。但讓孩子待在安全的空間裡，他也可以聽聽音樂或打打電動來轉換心情，就算讓孩子擔心一下離家出走的父母也不爲過。

因爲父母是大人，到外面去比較不會有危險。可以在附近走走，一邊散步一邊整理思緒，或喝個東西回顧生活，思考如何解決孩子的問題。不管對父母或孩子來說，都是很有幫助的暫停時刻。

如果放任孩子出去，父母會因爲擔心孩子的安全和心情，而讓自己更疲憊和焦躁。下面就來看個例子。

那天和孩子起了衝突後，我獨自走出家門，過了一段時間才回家。

媽媽剛剛去哪裡？

因爲一個人出去散步，回到家時剛才和孩子吵架的煩躁感已經消失不見了，可以帶著平常心和孩子對話，對於引發爭執的狀況在冷靜後也意識到自己應該道歉。

嗯，四處走走、散散步，想想覺得其實也不是什麼大事，卻對你大吼大叫，眞是抱歉。

孩子覺得受到了尊重，而且最重要的是把媽媽「出去散散步再回來，心情就會變得輕鬆」這樣的經驗放在腦海裡。**透過這樣的過程，孩子也可以從父母身上學到「每當出現矛盾或情緒衝突時，慢一拍就可以調節情緒，平靜面對」的能力。**

當雙方都處於情緒高漲的時候，先分開一下，出去吹風走走，從衝動和急切的情緒中掙脫，心情會平靜許多。透過以平常的速度行走，可以讓焦躁的心恢復平靜。如果青春期的孩子情緒暴躁，也可以學習用散步的方式調節情緒，這也是可以活用一輩子，非常重要的生活智慧。

當然，光靠散步並不能完全解決矛盾，但至少可以多一點繼續對話的機會，找到解決問題的頭緒。若雙方都能放鬆心情再進行對話，那麼解決問題的可能性自然就會提高。

愛頂嘴的孩子

「一開口就頂嘴。」

「你以為我很好欺負嗎？」

「你跟別人說話的時候也是這樣的嗎？」

「怎麼可以用這種態度對媽媽？你不把我放在眼裡嗎？」

有些孩子很喜歡參與大人的事，無論大人說什麼都會頂嘴，看起來沒有禮貌，態度輕浮。有時候說話很不客氣，有時候又會說些沒有意義的話。對話時感覺沒有認眞聽，注意力不集中。對他曉以大義的時候，大人講一句就頂一句。像這樣的孩子，必須盡快糾正這種讓人擔心的「習慣」。

但是當然不能用上述那些話來糾正孩子，孩子的行爲和話語是有意義的，是爲了表達某種想法或希望得到認同而做的行動。

遇到這種情況，可以先認同孩子長大了許多。因爲長大了，知道的事變多了，難免會想表現一下，想得到稱讚。這時父母可以用比較積極的反應來應對。

「這樣啊，原來還有這種想法。」

「太棒了！」

「眞是好主意。可是光用說的很難理解，和媽媽一起整理成文章怎麼樣？」

「這部分能不能說得再詳細一點？」

隨時對孩子的成長給予鼓勵，再次詢問孩子說的內容，可以幫助孩子自行確認想法和建立邏輯的對話方式。如果是很難立即回答的問題，就把問題拋回去反問孩子。

孩子最重要

「老師，我該怎麼辦才好？」

一個女兒上了中學的媽媽前來求助。

母女發生激烈爭吵，媽媽一氣之下拿起孩子的手機扔，結果手機摔壞了。女兒非常憤怒地頂撞媽媽，已經兩天沒有和媽媽說話。女兒跟弟弟說，如果媽媽今天不買新手機給她就要去自殺。還對朋友說：「希望媽媽死了最好。」

媽媽從兒子那裡聽到女兒的話受到很大的衝擊。一方面擔心孩子衝動行事而感到不安，另一方面還是得糾正孩子的行爲，讓她倍感壓力。

爸爸說：「做錯事的是女兒，不道歉就絕對不買新手機給她」，堅持「不能被孩子牽著鼻子走」。媽媽雖然和爸爸的想法一樣，但心裡其實很害怕孩子做出衝動的事。

這種時候答案只有一個。

「孩子是最重要的。」

我提出建議。

「不管是爸媽的自尊，或改掉壞習慣，這些都比不上孩子的感受。建議趕緊幫女兒買新手機，並且要爲摔壞手機一事道歉，積極與孩子對話。孩子其實也在害怕，所以應該先讓孩子安心，告訴她：『我女兒是這個世界上最珍貴的。』同時與孩子一起從恐懼中掙脫，只要想著這個女兒是無法用任何東西交換的寶貝。」

當孩子和父母發生激烈衝突時，必須先讓孩子的心平靜下來，才能進行後續的對話。**說出想死這種話，其實只是誇大地表達自己很痛苦。這種極端的表現方式和心態必須糾正，但是在孩子和父母極端對立的情況下，矛盾的時間若拉長，雙方都會遭受難以恢復的傷害。**

那位媽媽聽了我的建議立刻去買了一支新手機，放學時在校門口等女兒。一見到女兒就向她說「對不起」，然後又說「對媽媽來說，女兒是這個世界上最珍貴的」，然後拿新手機給她。媽媽流下了眼淚，在大馬路上哭了好久。孩子一邊沒好氣地說「媽媽爲什麼要在學校前面哭」，同時收下手機。媽媽止住眼淚問孩子「什麼時候回家」，孩子回答「補習班下課就會馬上回家」。

不過，孩子道歉了嗎？

父母道歉的同時，不需要馬上要求孩子也道歉。應該給他一點時間，讓孩子自己想清楚後再道歉。這件事是孩子的問題，必須由他自己決定。

事實上對已經是大人的父母來說，道歉並不是一件容易的事。如果道了歉但孩子看起來很冷淡，父母可能會覺得更無力，說不定還會生氣。但是不能把孩子接受道歉的態度當成問題，反過來要求孩子認錯。孩子會覺得「這是什麼狀況？結果還不是想教訓我一頓」，這樣只會加深矛盾，一切又回到原點。父母應該先表達歉意，給孩子一些時間思考如何回應，並耐心等待。

父母會痛苦，但孩子更痛苦

孩子頂撞父母，公然反抗，做父母的會很痛苦。雖然還是深愛孩子，但難免不解「孩子爲什麼要這樣對我」，產生無力感，對自己的不足感到自責，也對孩子的態度感到寒心。與父母深愛孩子的情感不同，青春期孩子的情緒有時會像暴風一樣，不顧一切頂撞父母，或許比大人想像的更殘忍和冷漠。愛無法量化，會依據表達方式不同而有不同感受。再深切的愛，如果無法以適當的方式表現出來，就無法得到對方的共鳴，還可能因誤會和不信任而痛苦。

但至少要記住一點，**當親子之間處於對立時，父母會感到痛苦，但最痛苦的往往是處於青春期的孩子。青春期的孩子身心都比已經是大人的父母來得弱小**。爸爸媽媽已經是在經濟和社會上能獨立生活的大人，而青春期青少年雖然會虛張聲勢，放大自己的聲量，但畢竟還未成熟，也沒有經濟能力，其實心裡很擔心會被父母拋棄，表面上卻只能咬著牙以自尊堅持著。

不能每次都因爲孩子會痛苦就想趁機讓他屈服。與成年的父母相比，孩子仍是弱者。父母最好以寬容的心包容孩子，用孩子能夠感受到的方式表達愛意，爲恢復關係而努力。

02.

積極表達感情對話法

青春期的青少年不是小孩，但也還不算是大人。身爲成熟大人的父母，應該先伸出手來保護他們。在對話中，與其用各種比喻表達，還不如直接了當說出口，讓孩子明確感受到父母的愛。「謝謝」「我愛你」「珍貴」「開心」「快樂」這些坦率積極的詞彙，對於建立可以對話的關係來說很重要。

爲了讓青春期的孩子能夠以對話的方式表達情感，父母要站在孩子的立場，以適合孩子成長和發展階段的方式接受和表達。孩子對父母激烈地表達憤怒、悲傷等情緒或抗議時，父母可能會覺得心裡不是滋味，難免會有「我那麼愛你，你卻……」「你怎麼能這樣對我？」這些想法，這時必須轉換爲「原來孩子這麼痛苦啊」「他其實是忍不住了才會這樣表現出來」「因爲是父母，所以孩子才能毫無顧忌的表達……」像這樣朝著正面的方面解讀，心裡才能釋懷。

青春期是個專注於自己成長的時期，孩子需要時間，需要擁有個別對話的時間，一對一見面，看著對方深入對話、互相鼓勵。在孩子能理解別人的心境之前，父母要做的就是用愛與關懷等待。

全家人的和睦相處和對話固然重要，但透過單獨見面與相處，往往可以談得更深入，也更能明確對孩子表達父母的愛。孩子一旦感受到父母對自己的專注，心理上就能得到安全感。

時間是站在父母那一邊的，因爲時間會讓孩子成長，父母要做好準備，在子女成長之前用愛填滿所有時間。隨著腦內衆多細胞快速連結與成長，青春期的青少年更需要時間來學習如何表達與理解自己的情感。

偶爾來個特別的約會

「今天是和◯◯約會的日子。其他家人就各自去吃飯，做自己的事吧。」

和老大定下了母女倆的小約會，提前向其他家人預告，並在家庭聊天群組傳了訊息告知，出門前又在餐桌上留下紙條。上次是一起看電影喝茶，這回我們邊聊天邊在公園裡散步。

女兒啊，我愛妳。

我也是。

因爲妳的誕生讓我們成爲父母，隨著妳逐漸長大，我們也一步步盡力扮演好父母的角色。

當父母後有什麼變化嗎？

當了父母眞的很不一樣。心情既興奮又有點害怕，也感受到了責任感……謝謝妳。

怎麼了？

因爲有妳這麼好的孩子陪在我們身邊，覺得很神奇，也很開心。

眞的嗎？不覺得麻煩嗎？

的確，要做的事情變多了，餵奶、換尿布、洗澡……但還是很開心。謝謝妳來到我們身邊，爸爸媽媽永遠愛妳。

幾天後，換成和老么約會。我們也一起笑著聊天，度過愉快的時間。

○○我愛你。

我也是。

能夠像這樣只有我們兩個人單獨一起出來，眞是太好了。

我也這麼覺得，不過媽媽，我可以問妳一個問題嗎？我出生時妳覺得開心嗎？不會覺得很麻煩嗎？

開心啊，你太可愛了，爸爸媽媽都很愛你。因爲有你，覺得所有的孩子都好可愛。謝謝你。

怎麼了？

你是我們最後一個孩子，是爸爸媽媽永遠的可愛老么，媽媽愛你。

當然，和老二也一樣有這樣的約會時間。特別是在有三個小孩的家庭，爲了避免排行老二的孩子有疏離感，應該多花一點心思在老二身上。老三因爲是最小的孩子，總是可以獲得許多關注和喜愛。

自從你出生後，爸爸媽媽這才了解人類有多偉大。

怎麼說？

本來以爲你會和姊姊一樣，但沒想到完全不同，眞是太可愛了。而且有很多在生姊姊時不知道的事，現在才明白。

什麼事？

孩子與孩子在一起會學習得更快。姊姊因爲你總是學她還對你發過脾氣不是嗎？因爲有你，爸爸媽媽才知道每個人都是珍貴而美麗的個體，謝謝我們家最棒的老二。

眞的嗎？

當然了，因爲你是我們家最善解人意、最腳踏實地的孩子，所以爸爸媽媽很信任你，也很依賴你喔！媽媽愛你。

我也是，我也愛媽媽。

雖然分別與孩子約會，一一對孩子說「信任你」「我愛你」，但其實孩子們也都知道，父母對兄弟姊妹的愛是一視同仁的。這樣的方式還是會讓孩子覺得開心，提高自尊感。能夠擁有獨占媽媽或爸爸的時間，對孩子來說是非常安心和珍貴的成長機會。雖然全家人一起度過的時間很美好，但是像這樣與孩子單獨見面，深談的時間也是必不可少的。

人類是群體動物，但身爲個體也會希望受到尊重，我們的子女也有同樣的想法。當家裡的孩子不只一個時，父母常會做什麼都把孩子集合在一起。但是，偶爾製造單獨見面的機會，與孩子深談，讓孩子知道自己是被愛的，這也很重要。若有個別需要修正的狀況，也可以趁這個時候單獨溝通。

兄弟姊妹之間吵架特別頻繁的話，最好在短時間內與子女各自單獨約會，讓每個孩子都知道父母信任、愛你，願意傾聽和調解各自所處的困難。盡量不要在大家都在的時候挑出問題，訓斥他們。

在孩子的成長過程中，必須要有這樣與父母特別的單獨約會時光，透過父母的眼神和聲音親自確認自己對父母來說是喜悅、珍貴的存在。但做父母的要記住一點，一定要與孩子「事前商量並約定時間」，才能讓孩子感受到重視與尊重。

不論何時聽到父母說「我愛你」都是好的

在我青春期時，很想知道直接從父母口中聽到「我愛你」是什麼感覺。於是跑去對媽媽說「我愛妳」，並纏著媽媽也說。但卻沒有如願。

我家有九個兄弟姊妹，我排行第八。因爲是大家庭，所以媽媽總是很忙。雖然無微不至地照顧我們、愛著我們，但我從未聽過她說「我愛你」這句話。像現在偶爾回老家看望她，媽媽其實很開心，嘴裡卻反而叨唸著「妳應該很忙吧，爲什麼還要跑回來」這樣的話來迎接我。

我反覆要求媽媽說我愛你，經過一番努力，終於聽到媽媽親口說了。以下就分享當時的狀況及我的感受。

妳那麼忙還回來幹什麼。

因爲想妳啊。

只要你們幸福地過日子，我就心滿意足了。

妳不想我們嗎？

你們好好過就行了，不一定要見面啊。

雖然嘴上這麼說，但看到媽媽迎接我們的模樣，忙著下廚做女兒喜歡吃的菜，明明可以感受到愛，但是「不一定要見面」這句話卻揮之不去。

那妳說「我愛妳」。

那種事一定要說出來才知道嗎？

說一下嘛。

當然愛啊，這樣就好了吧。

不行，要說「女兒，我愛妳」。

我一直纏著媽媽，最後她還生氣地說：「爲什麼叫我說那種話啦！」每次要離開時坐在車上發動車子，我都還是不放棄地說：「如果不說我愛妳，那我就不走了。」這樣拉扯過幾次也流過眼淚，那天終於從媽媽口中聽到「我也愛妳」，心裡眞的非常激動。甚至想把媽媽說的「我也愛妳」錄下來以便隨時聽。從那次之後，媽媽表現愛意的方式變得越來越豐富了。

「好想妳啊。什麼時候回來？」

「我也愛妳。」

「我的女兒雖然年紀也不小了，但還是很漂亮。」

「和妳聊天很痛快。謝謝妳。」

「我的女兒從小就很懂事，眞是成長得很好。」

這些話帶給我莫大的安慰和力量。聽到媽媽這樣的情感表達，我就像獲得一個全新的媽媽一樣，從內心深處湧現對媽媽的感激之情。雖然知道父母很愛我們，用盡所有心力養育我們長大，但能親耳聽到媽媽說「我愛妳」，眞是最幸福、愉快的事。能從父母口中直接聽到他們對自己的愛，眞的很好。

越能表達情感就越了解自己

學生有妳這個老師眞是太幸運了。

怎麼了？媽。

因爲我女兒都會好好傾聽孩子們說話、細心照顧孩子們……

眞的嗎？妳覺得我是那樣的人嗎？哪些方面讓妳這樣覺得呢？

看妳對自己的孩子那樣努力理解，我就想妳對其他孩子一定也是那樣。我本來還有點擔心，妳那麼愛看書，會強迫孩子們看書呢！

「把你們養大讓我覺得很滿足、很有意思，眞的別無所求。」

「不用擔心孩子。孩子都好好地成長茁壯。問題是大人已經不會再長大了……」

「女兒，謝謝妳好好地成長。以前是我太忙了，要做的事怎麼也做不完，因爲工作，都沒能好好照顧妳，眞對不起。」

媽媽對說出「我愛妳」之後，開始有越來越多的情感表達出來，表現的方式也更多樣，每次和媽媽對話都感受到開心和幸福。我自己的孩子也都二十多歲了，但是從媽媽口中聽「我愛妳」還是讓我覺得很激動，自信心也提高了。由此看來，對於處於青春期的青少年來說，在這個重要成長階段更需要聽到最親密的父母常說「我愛你」。

人類的情感會透過表達更豐富地成長。如果能學習和了解自己的情感，就更能感受到別人的情感。而且越是經常表達，就能表達得越好。共享情感的過程，也是讓人際關係更深入連接的過程。與家人之間可以透過認識情感，以正確的方法表達，得到嶄新的力量支持發展人際關係。

一般來說，在談到人類的思考能力時，比起情感會更重視和強調理性，認爲讓人成長的思考能力是理性而非情感，但是人類的情感和理性並不是分開的，而是一體的。

隨著開始表達情緒感受的同時，也會加深對自己的了解，對經歷過的感受銘記在心，記住那些身而爲人的生活，在心裡累積的時間、空間，以及其他人們……

從父母那裡得到理解和共鳴的孩子，在情緒上會產生安全感。因爲透過父母確認了自己是「美麗而珍貴的存在」，並得到父母的支持。當孩子在陌生的世界或成長的階段感到不安時，第一個想到的就是父母。這時透過過往累積與父母相處的記憶，可以再次確認父母對自己的愛，也會幫助自己做出判斷。來自父母的聲音，會深植在孩子的心底。

03.

解讀情感對話法

想解讀青春期青少年的話語或行動前，請先解讀他們的情感。**認同孩子的感受是對話的開始。青春期的情緒變化很大，比起內心感受，話語或行動上的表現可能更爲誇大。**爲了一點點小事就生氣、傷心、沮喪，在別人眼中沒什麼了不起的事，也可能讓孩子興奮得跳起來。

有時從父母的立場來看，可能會覺得孩子很容易不知所措或有些奇思怪想。問他「怎麼了」往往也得不到有條理的答覆，反而可能回答「怎麼了？不喜歡我這樣嗎？」「覺得我很奇怪嗎？」這時父母要做的不是評價或規範孩子的行爲，而是試著解讀孩子內心的想法。

站在孩子的立場上，恐怕就連自己也很難給出答案，就因爲無法解釋，所以才會不知所措。這種時候只要說「因爲你笑了，所以我也覺得很開心」「因爲你看起來很難過，所以才擔心你」，表達對孩子的關心就夠了。

青少年情緒起伏劇烈的原因很多，主要因爲身心急遽成長，導致腦細胞連結和荷爾蒙變化影響情緒。青少年常會依據父母對自己情感的反應來學習表達，進一步成長。所以當青少年表現出強烈的情緒時，父母不要以更強烈的方式表達。每個人在感到恐懼和不安的時候，多少都會退縮，卻也更容易發生衝突、受到傷害。因此，**如果孩子表現出強烈的情緒，父母應該以更柔和的態度沉著應對。壓低聲音，慢慢地說話。比起大聲制止或斥責，擁抱和安慰的效果更好。**

在這種情況下如果逼問孩子「發生什麼事？」「你怎麼了？」「快說啊，你知道你錯在哪嗎？」「你那是什麼態度，以爲自己很了不起嗎？」「你在這裡發什麼脾氣啊？」這些話只會讓不必要的衝突持續。雖然從父母的立場上來看是爲了了解原因，但對孩子來說就是被罵、被指責，會覺得委屈，情緒也會變得更加激烈。

因此，比起質問或究責，穩定孩子的情緒比較重要。父母可以先說「不管怎麼樣，我都會站在你這邊守護你。我會等你冷靜下來，並努力理解你」，並告訴孩子：

「我愛你。」

「我想理解你。」

「我會一直陪在你身邊。」

「沒關係，我會等你。」

「我不是要罵你。」

「我想幫你。」

「讓我們一起解決問題。」

在經歷劇烈情緒起伏的過程中，可以用「虛懷若谷」的想法來安撫孩子的心，心胸寬廣如山谷才能容納萬物。青春期青少年由於情緒感受豐富，表達方式的落差也很大，透過情緒表達，也可以成爲回顧自己並成長的機會。

比起外在的話語及行動，請先解讀孩子的心。言語和行動是情緒產出的結果，與其主觀判斷和評價，不如先表達認同並等待。

情感沒有善惡之分

我生氣時，父母都會訓斥我爲什麼要生氣。我聽到就很鬱悶，其實他們只要知道我眞的很生氣就好了。

所以你希望父母可以認同你正在生氣。

對。

他們通常會怎麼說？

「那種事有必要那麼生氣嗎？」「不是生氣就能解決」這類的話。

你聽到時心情怎麼樣？

更生氣了。

在日常生活中，我們會把喜悅、感謝視爲正面積極的情緒，並樂於與人分享。但是對於悲傷、憤怒、怨恨的情緒，就會消極看待，並約束自己或別人避免表現出來。

一般認爲生氣或流淚的行爲也代表了害羞、軟弱的樣子，所以在情感表達上會比較困難。然而，情緒不該用積極正面和消極負面的二分法來區別，任何情感都必須受到尊重，情緒是可以變化的，悲傷會成爲快樂、怨恨會變成感謝，情緒會相互影響、消逝。在日常生活中，**如果坦率地表達自己情緒時得不到尊重，就無法好好地表達出來，會忍著，久而久之也會成爲引起各種誤會的根源，讓關係變得更困難。**

對於自己的感受，自我認知和掌握很重要。認識自己的情感狀態，能夠溫柔坦率地用話語表達出來，大致上很多情緒都可以獲得緩解。而且在情緒消除後，就會重新產生適應新狀況的能力。不迴避自己的情感，並能自我覺察的人，對他人的情感也能產生很多共鳴。

青春期是自我認同感發達的時期，因此這個時期的青少年不受周遭氛圍或他人立場的限制，具有比較直接、坦率表達自己感受的特質。

勇於毫無顧忌地說出自己想法和感覺的青春期青少年是充滿勇氣的。他們勇於表達，並得到朋友或大人的安慰和鼓勵，就會形成深深的信任和歸屬感。在遭遇困難的情況下，不管是笑著或哭著都好，盡情表達彼此的感受，才不會在心裡留下疙瘩，才能找回內心的平靜。

「這有什麼好生氣的？」
「生氣只會讓你更累。」
「爲了那一點小事就發火，那以後在社會上要怎麼生存啊？」

不要在青春期青少年生氣的時候說這些話。生氣也是一種情感的表露，任何情感的表露都是有理由的，而在理由中隱藏著孩子的問題和成長的可能性。

「要喝杯茶嗎？媽媽一直都站在你這邊。」
「你生氣了。是誰讓你這麼生氣？」
「你一定很傷心、很難過吧，媽媽可以抱抱你嗎？」

在外面發生不愉快的事時

一位家長來找我，分享了自己孩子的狀況。

「我的孩子上小學五年級，每當談到在學校或跟朋友之間發生的事，總是一副很不耐煩的樣子。孩子一直說別人的不是而煩躁，這樣該如何繼續對話呢？應該沒辦法再講下去了吧，因爲兩方都會覺得不愉快。」

「你是怕孩子會惹怒別人吧，其實也不用太在意，孩子通常只會對父母這樣。」

「如果只對父母不耐煩就算了。我只怕他會養成習慣。」

「先用寬容的心觀察孩子，要讓孩子知道父母和他站在同一邊。孩子會煩躁可能就是因爲父母太了解孩子的問題了，所以會隨時指責孩子。」

對於青春期的孩子來說，父母應該是這世界上可以毫無顧慮依靠的人。但如果感覺父母並沒有爲自己辯護，而是替別人說話時，孩子的心裡會產生不滿，累積到一定程度就會表現出煩躁的樣子。**可以把煩躁當作一種信號，請允許孩子表達情緒，這樣才能了解他是爲了什麼而煩躁，並對孩子的情緒給予共鳴。**

「你怎麼一回家就一副很不耐煩的樣子？」

「你煩什麼煩？有話就說啊。」

「你那是什麼態度？」

「你忍一下不就得了？」

「不是跟你說過不要強出頭嗎？」

以上那些話最好不要說。

「天啊！你一定很難受。」

「謝謝你忍住了。」

用這些話讓對話繼續，眞誠地看著孩子，仔細傾聽，不時點頭呼應，但不要敷衍孩子。一邊了解狀況，一邊理解孩子的感受。

「他爲什麼要那樣對你呢？」

「你一定覺得很難受吧。」

「你一定很生氣，但你能一直忍著直到回家來，眞是了不起。」

「你心裡一定有很多情緒想要一吐而快吧，但這樣媽媽有點難理解，你慢慢說。」

「當時和誰在一起呢？」

孩子會煩躁、發脾氣是因爲心裡不安，沒有自信。父母不要催促孩子，應該冷靜地先讓孩子知道，父母絕對是和孩子站在一起的。身爲父母都知道自己孩子的強項和弱點，在這種情況下，如果感覺父母反而替別人說話，那麼孩子就會感到孤立而更加煩躁。

青春期的孩子有自信，也有正義感。在外面發生問題時，可能礙於各種壓力無法說出來，只能回家向最了解自己的父母吐露，而積壓的情緒難免也會一併宣洩出來。請父母不要指責孩子，看著他，聽他說話。

只有讓孩子知道「我會永遠站在你這邊」，孩子才會對父母產生信賴，才能好好把話說出來。父母想透過對話告訴孩子對錯，但孩子往往只想確認父母是否和自己站在同一陣線。

當孩子失誤時

「你怎麼會犯那種錯！」

「叫我們的臉往哪裡擺？」

對孩子來說，失誤和失敗本身就是傷害，需要時間來平復。而根據父母的應對方式，孩子的傷口可能會很快就復原，長出新的皮膚；也有可能會留下消滅不去的疤痕，每次看到都再痛一次。失敗和失誤經驗越少的父母，越難承受孩子的失誤。

「你竟然犯那種錯誤」「沒想到你會那樣」，這些話無意中表達了父母對孩子的失望，會讓孩子增添新的傷痕。「可以讓別人說你沒禮貌嗎？」「你是因為太緊張所以沒有發揮平常應有的實力嗎？」

這些話聽起來像擔心或激勵，但聽在孩子耳裡很容易會認為是責備。這種時候需要的是能保護孩子內心安定的話。問題不是出在「孩子」身上，要幫助他們審視情況找出問題的本質。

「眞可惜，你沒有受傷吧？」
「這次可能比較緊張。沒關係，下次還有機會。加油！」

若孩子說出「對不起」「我也沒想到會犯那樣的錯誤」「我眞的沒有辦法」時，要先了解孩子的身心狀況，再鼓勵他下次還有機會。

青春期青少年對失誤或失敗很敏感，自己也會很擔心。但只要是人都可能會發生失誤，人不像機器一樣按照輸入的資料就能精準完成工作。**父母應該具備寬容的心看待孩子的失誤，並教導孩子把失誤或失敗轉變爲學習和成長的契機。**

孩子所有的情感都很珍貴

「我的孩子很難表達出負面情緒。該怎麼做，才能幫助孩子坦率地表達痛苦、悲傷等負面情緒？」

首先，不要把痛苦、悲傷認定為負面情緒。孩子所有的情感都很珍貴，而情感會根據情況發生變化，會帶動感受力的成長，提高共鳴能力。若將情感分為正面和負面，那麼孩子可能會隱藏某些特定的情感。

應該讓孩子學習各種情感都可以放心表現出來，因此**在平常對話時，「傾聽」很重要。孩子只要了解無論表達什麼樣的情感都能被理解、不會被討厭、受到尊重，就會有勇氣坦率表達自己的情感。**好好聽孩子說話、表現出共鳴，那麼孩子就會逐漸成長為勇於表達自我的人。讓我們再看看前面提到過的話。

「你那是什麼態度？」
「你忍一下不就得了？」
「媽媽不是跟你說過不要強出頭嗎？」

就算內心深愛著孩子，但若是這樣說話，就很難和孩子進行對話，更難得到孩子的心。當孩子說話時，用同意和共鳴的方法與孩子對話即可。

「原來如此。」
「原來你是這麼想的。」
「你會那樣想也是有可能的。接下來該怎麼做呢？」
「是嗎？一定很有意思。」
「情況很難理解。希望你能詳細說明一下。」

重要的是眼睛要看著對方，適時地點頭、傾聽。聽完之後，以支持孩子的話語來結尾。

「我們○○長大了不少啊。」
「你想得眞周到。」

「現在才發現你很有耐心。」

「原來你各方面都考慮過了。」

情感沒有絕對的正面和負面，在相互交會和加深的過程中，會經歷克服和變化。孩子所有的情感都很珍貴，如果把情感區分為好壞，強調時時保持開朗陽光，孩子就會自己區分好和壞的情感，以虛假的情感隱藏真實的自己。

當情感受到尊重時才會達到心理的安全，也才不容易被情緒左右，同時對他人也會給予表達情緒的機會。透過他人對自己的寬容和共鳴，可以體驗到情感轉變為新能量的經驗。有過這種經歷的人，不會區分情感的好壞，可以理解並表達情感的本質。

接受自己的各種情感，透過對話表達出來，是成為自己人生主人的過程，可以幫助孩子坦率地表達高興、悲傷、快樂、辛苦、幸福、憂鬱等情感。

小時候孩子沒有表現出來，所以並不持別明顯，然而進入青春期後，孩子積極用行動表達自己的情感時，就會認為孩子變了。但其實他只是成長了，成長到可以表達出自己意見了。

過去的事也要道歉嗎？

有一天，我正在等著過紅綠燈時。

偶然聽到一位媽媽和看起來像高中生的兒子親切地談話。兩人對談看起來氣氛很融洽，似乎在聊什麼開心的事。然而兒子話鋒一轉，似乎要說出積壓已久的往事。

媽媽，妳那時爲什麼要那樣？

什麼？

我記不太清楚是小六還是國一的時候，妳對我大發脾氣，還叫我出去！我哭著說不要。當時覺得媽媽好可怕。妳當時爲什麼那樣？

那時候啊？你還敢說，你那時候進入青春期，才難伺候呢！根本就無法溝通……

……

兒子的表情瞬間沉了下來。

綠燈了。媽媽往前走，但兒子停在原地，媽媽有點不知所措地回頭看著兒子，但腳步未停。我對那位媽媽說：

「這位媽媽，請您回頭握住兒子的手，對他道歉：『當時眞的很抱歉。』現在最重要的是消除兒子凝結在心中的過往傷痛。眞不好意思插手，但不處理會有遺憾的，快回頭去找兒子吧。」

當成爲青少年的孩子，甚至是再大一點後，突然有一天對父母說：「當時爲什麼那樣對我？」帶著遺憾提起過往的傷心事時，父母最好的表達方式就是道歉並安慰。不要不知所措，也不要像翻舊帳一樣重提孩子過去的錯誤，只要道歉並給孩子一個擁抱就可以了。

「你剛進入青春期，我也是第一次面對青春期的孩子，沒有前例，所以很多事都不知道該怎麼做才好。我覺得很抱歉。謝謝你堅持走過來，好好地長大了。也謝謝你給我道歉的機會。」孩子提出過去的傷痛，從父母的立場上來看，可能會覺到委屈和尷尬，但另一方面這也是與孩子記憶中的遺憾和解的最佳機會，絕對不要再對孩子發脾氣。

誤會也要道歉嗎？

孩子和父母會起爭執，常常是因爲立場不同而自我辯解。「我不是這個意思，如果你站在我的立場想一想，就會理解。」想到這一點，連父母也不願輕意讓步。在這種情況下，比起爭辯誰說的有理，倒不如想想什麼樣的內容孩子比較容易接受，這才是最重要的。如果孩子對父母說的話感到難過，在爭論是非之前，先向孩子道歉，對話才能繼續。

以下分享我的例子。我也曾經在課堂上並非自己出錯卻向學生道歉過。那次我在上課前確認學生的作業，發現平常都按時交作業的○○連續兩天都沒交作業。

○○啊，你的作業呢？

在家裡，忘了帶。

你最近是精神恍惚嗎？

過了一會兒回頭一看，○○趴在桌上，我以爲他身體不舒服走過去看看狀況，赫然發現他在哭。

○○，你爲什麼哭？發生了什麼事？

老師說我是精神病患。

我沒說過那樣的話啊……

你剛剛明明就說我精神恍惚。

不是，我的意思是說你連續兩天都沒帶作業，是不是精神不集中……

明明就是那個意思啊。

我感到很委屈，對其他學生說：

各位同學，老師真的不是那個意思……

老師，可是○○哭了啊。

嗯……對不起，○○，讓你覺得不舒服是老師的錯。以後老師說話的時候會更注意。

雖然大人說話時並沒有那種意圖，但青少年根據自己的解讀可能會有所誤解。在解釋之前，應該先針對引起誤會的話語道歉，這樣才能順利進行下一段對話。大人要比孩子更寬容地觀察情況，帶領孩子從誤會和情感的隧道中走出來。

青春期面臨的考驗之一，就是站在別人的立場上思考。與自己年齡相仿的同儕，會給予積極的關心並產生共鳴，但對比自己更優越的大人，要產生共鳴是非常困難。

青春期青少年的共鳴能力和鏡像神經元

青春期青少年的情緒是透過共鳴形成的。

青春期的情緒變化劇烈，可能會因爲一點小事就生氣、悲傷或灰心，然後又爲了可能根本沒什麼的事而開心地跳了起來。看在父母或其他大人眼裡，可能會因爲孩子天馬行空的想法而驚慌、不知所措。

這件事有那麼重要嗎？

你不喜歡我這樣嗎？會擔心嗎？

也不算……只是……

那你爲什麼要笑？

因爲你太可愛了……

眞是的，人家都快氣死了，你還笑我！

這種情況下，無論說什麼話，都不會得到良好的反應，感覺完全無法溝通。這種時候只要站在孩子的立場上考慮孩子的情緒就好，從孩子的立場來看，因為無法接受或解釋情況，所以感到驚慌和生氣。這時，對於自己無法與孩子達成共鳴一事，先向孩子表達歉意。如果總是長篇大論，會更容易累積不必要的誤會。

「對不起。看你這麼難過，所以很擔心，但一方面也相信你，所以才會笑，絕對不是嘲笑的意思。」

「對不起，因為我還不了解情況。今天先到此為止，我們之後再找機會來談談吧。」

話不用太長，能表達關心和愛就可以了。青春期青少年情緒波動大的原因有很多，急速成長、情緒混亂、生長激素的改變、腦細胞連接等。不管怎麼樣，青春期青少年經歷了情緒起伏加劇的過程，情緒上也豐富地發展。

人類透過與別人的相遇而變化和成長。在與他人交流的過程中，所經歷的感情和情緒中建立起人際關係，所以人際關係也可以說是表達自己的情緒時，從別人那裡得到共鳴而產生的心理空間。

孩子建立人際關係的首要對象是父母。

孩子透過與父母的關係，體驗對他人的信任和安全感。這代表了第一次學習與他人建立人際關係的地方，就是父母和孩子建立的心理空間。在這個空間裡可以安全地表達自己，試探對方的反應。如果受到父母的信任和保護，在與他人的關係中也會充滿自信地表現出來，能充分理解在行動時需要考量之處。父母對青春期青少年展現的表情、眼神、身體動作、態度等，對形成青少年的共鳴能力產生無與倫比的影響。

大腦中對他人行動和情感產生共鳴並活化的神經，稱爲「鏡像神經元」。多虧了鏡像神經元，我們才能模仿別人的行爲，進而感受到對方透過行動表達的情感。①

當媽媽笑時，孩子會跟著笑，心情也會變好；當媽媽哭時，孩子會跟著哭，同樣感到悲傷，這就是受到鏡像神經元的影響。鏡像神經元不僅能讓我們模仿別人的行爲，更能隨著模仿而達到共感。

在愉快地跟著跳舞或唱歌等學習的過程中，鏡像神經元會讓自己心情愉快，達到促進學習的作用。在青春期，鏡像神經元會在大人們的共鳴中發育，創造出生活所需精神條件和身體健康的「共同意義空間」，這一點將對人類情緒發展產生重要影響。[②]

留下回憶的特別旅行

今天記得把校外體驗學習申請表帶回來喔。

我們要去家庭活動嗎？

不！我要跟你去旅行。

爲什麼？

這個季節很美啊。

要去哪裡？

去你喜歡的地方。

我覺得濟州島不錯耶！

那我們去濟州島吧！

孩子把體驗學習申請表[3]帶回家後，我們一起規畫週日下午出發，到星期三上午回來的旅行計畫。不是星期六，而是星期天才出發，孩子覺得很新鮮，開心地手舞足蹈。體驗學習主題爲生態文化之旅，我們一起挑選住宿，孩子還自告奮勇搜索美食名店、調查交通方式。因爲是平日避開人潮，我們順利預約到濟州寺水自然休養林，可以近距離看到獐子在樹林裡睡覺。濟州島很美，這趟旅行我們都非常愉快。

孩子成年後，我們還經常談論到當年去濟州島旅行的事，他表示希望帶著自己的孩子再去一次。

我想送你一份生日禮物，請不要拒絕。

是什麼。

你先答應我不會拒絕，我就告訴你。

好，畢竟是禮物，沒有理由拒絕。

一起去旅行吧。

什麼時候？

明天。

學校怎麼辦？

我提前幫你申請了體驗學習。

喔耶！那今晚不用寫作業了，明天要去旅行啊！

我們坐火車去如何？

太好了！！！

韓國中小學有一種讓學生在學期中申請體驗學習的制度。一學期可以有七至十天的假期可以申請校外體驗學習，在監護人的陪同下獲得特別的學習體驗。我在新學期開始時，都會告訴學生家長一定不要放棄這個機會，要善加利用。能在平日離開學校，許多孩子都會很興奮。而站在父母的立場，平日的許多花費都會比假日便宜，又可以避開人潮，可說是經濟實惠。

深愛孩子，但彼此話不投機，總是無法溝通的時候；教訓完孩子，想重新支持他時；感覺孩子不懂父母的用心，愛跟父母唱反調時，不要在家裡大眼瞪小眼地爭吵，不如去旅行吧。

在旅行過程中，即使沒講什麼話，孩子一直看手機，或只是一起坐火車去陌生的城市睡一晚。拋開對話的目標和體驗學習的念頭，把注意力放在一起度過的這段時間。旅行的理由很多，孩子上四年級了、孩子上初中了、想和孩子一起看春天的大海、想深入感受秋天等，都可以成爲旅行的契機。

和父母一起生活了十年，進入青春期的孩子再度過十年，就正式成年了。這段期間我們能留下最珍貴的禮物，不就是和孩子一起度過幸福時光的回憶嗎？

和孩子一起的旅行總是會帶來特別的回憶，再訪那些曾與孩子一起旅行去過的城市或地區時，孩子當時的樣子、聲音和行爲、一起吃過的食物，都會深深留在記憶裡，對孩子來說，也會成爲一輩子無法忘懷的回憶。

注釋

①尤阿希姆·鮑爾（Joachim Bauer）著《你的心情不好，我知道》（Warum ich fühle, was du fühlst. Intuitive Kommunikation und das Geheimnis der Spiegelneurone），P.16～17。

②引自上述著作P.18。

③韓國中小學生可以申請一段長時間假期（一學期約7～10天），進行「校外體驗學習」，一般爲家庭活動，例如國內外旅行或參觀美術館等，必須有監護人同行，活動結束須提交報告。

附錄

深入了解
青春期的青少年

青春期是從幾歲到幾歲？

人類的成長過程主要分爲嬰兒期、兒童期、青少年期和成人期。韓國《青少年基本法》第三條指出，「青少年是指九歲以上二十歲以下者」。

大多數研究人類成長和發育的學者，以身體和精神成長會持續到二十歲中期的觀點而制定出青少年時期。但是從將近二十歲開始，精神上的成長就幾乎已經是成人了，因此韓國的《青少年保護法規定》，社會需要保護的青少年時期至滿十九歲爲止。

因此一般普遍認爲，青少年時期可說是十多歲的統稱，九歲到十六歲是青少年時期的前半，滿十七歲到二十四歲爲後半。青少年後半期在社會上已被認定爲成人。在韓國，滿十八歲就可以登記結婚，可以行使投票權，也可以取得駕照。①

那麼青春期是從幾歲到幾歲呢？在步入成人之前的時期就是青春期。這本書中所提到的青春期爲青少年時期的前半，也就是九歲到十六歲這段時期。

青春期的成長階段

青春期可以分成三個階段，逐漸成長的青春期前半期、高峰期，以及穩定期。

青春期的前半期約爲國小三到五年級（九歲到十一歲）。這個時期身體成長明顯，開始表現出以自我爲中心，會有許多過往不會發生的行爲，精神上也會開始表達自己的意見，因此父母會覺得「孩子有自己的主張，變得很固執」「想法變多了，想要擁有自己獨處的時間」「愛挑剔，想法會變來變去」。根據孩子發育的不同，也有在四到五年級進入青春期的例子。

青春期的高峰期出現在小學六年級（滿十二歲）到國中二年級（滿十四歲）。這個時期身體會出現第二性徵，精神方面和情緒成長加劇。隨著自我意識變強及情緒的成長，會經歷強烈的情感起伏，是這時期最重要的特色。

穩定期則隨後而來，約為國中三年級（滿十五歲）或高中一年級（滿十六歲）。雖然仍然有青春期的特徵變化和成長、情緒變化無常等特點，但是青少年對自己的變化已經有了一定的適應能力。以前期經歷為基礎，在一定程度上形成自我認同感。與之前的階段相比，對別人的理解力增加了，向他人表達自己想法和行動的能力也進一步成長，是相對穩定的時期。

青春期的成長特徵

青春期的特徵用一句話來定義，就是身體和精神上爆發性成長的時期。在這個成長過程中，女生與男生的成長速度呈現明顯差異。

大致上來看，在身體和精神上，青春期的女生比青春期的男生成長速度約快了二年左右。在小學五到六年級或國中一年級的教室裡，可以看到女生的身體力量比男生大，聲音也比較大。理解語言能力和表達能力，也是女生的成長速度比男生快，因此在會議上提出意見，說服和促進的能力也增長得比較快。

但是在青春期探索和感知新空間的能力，男生比女生成長得快，因此男生很容易會被認爲散漫或到處遊蕩。

青春期前，女生和男生的身體肌肉力量相似，但青春期過後，男生的肌肉力量比女生更加強大。青春期之後，包括語言理解和語言表達能力在內的認知能力、對空間的探索和感知能力等，男女之間會形成均衡，出現相似的發展面貌。

教育學家和心理學家將人類成長過程中青春期的成長稱爲「疾風怒濤的時期」「第二誕生期」。這些成長和變化的模樣，會根據各個家庭和社會條件或個人的成長環境、父母的養育條件而不同。表達想法和行動的形態也會根據父母的教育方向和觀念、對話法而有各種面貌。

但是，沒有人不經歷青春期而成年。

每個人都會經歷青春期，經歷身體和心靈的變化和混亂而成長。而在這種成長過程中，所有人都有一個最重要的目的，就是「做自己人生的主人，幸福地生活」。

腦細胞連接的力量

人的大腦從新生兒到滿三歲，會呈現爆發性增長。因此，很多學者強調零到三歲的教育。很多父母在這個時期爲孩子的大腦發育花費了很多心力。

從嬰兒期到青春期開始之前，兒童的大腦生長相對穩定。小學低年級比高年級和國中時期沉穩，比較順從大人的話，善於整理接收到的資訊。然而，青春期開始後，孩子的大腦再次以驚人的速度生長，超過零到三歲的生長速度。成長是種變化，會伴隨著不穩定的波動。對於青春期青少年來說，適應過程可能會出現混亂，情緒也會產生劇烈動盪。

青春期被稱爲人類的「第二誕生期」和「第二個成長期」的理由，就是在這個時期精神和情緒的大幅成長。從積極的觀點來看，青春期的巔峰也被稱爲「呼喚奇蹟的年齡」，在這個時期，**隨著身體上的變化，精神上的成長和情緒上的成長急遽形成，開啟了新的視野。甚至會經歷父母和**

子女之間重新確立關係的過程。在這個過程中影響最大的就是對話。

就像爲了身體健康成長，會均衡地攝取優質食物一樣，爲了精神上健康成長，就需要符合情況的良好對話。因爲對話不僅是表達想法、傳達信息的關鍵，更會促使新想法產生。

另外，根據青春期青少年在學習過程中的學習方式，腦細胞的連接方式也會有所不同。青春期青少年如果在學習過程中多進行思考、對話、探索，腦細胞就會朝著深入思考能力和邏輯判斷的方向連接並成長。相反的，如果強調背誦，以反覆學習和背誦爲中心學習，大腦就會朝著背誦更多的東西的方向成長。如果進行很多被動地只接受知識信息的活動，孩子很容易失去興趣，感受到壓力。

與鏡像神經元產生情感共鳴

義大利神經生理家賈科莫．里佐拉蒂（Giacomo

Rizzolatti）發現了一種能夠映射他人心靈和行爲的細胞系統，並將該細胞系統的名稱命名爲「鏡像神經元」，是對人際關係有重要影響的神經元細胞[2]。在人們日常的人際交往中，一個人的情緒表達和行 方式對他人的影響很大。特別是在大人和孩子的關係中，大人們的情緒表現和行動方式會影響共同生活的兒童和青少年的情緒成長和表現方式。

鏡像神經元子細胞在別人對自己的感情產生共鳴時，會立即做出活躍的反應同時成長。是觀察自己正在經歷的情緒過程發生在別人身上時，立即被活化的大腦神經細胞。

青少年深受共同生活的監護人所表達的情感語言、態度、行動、眼神影響。如果在這個時期缺乏從親近的人那裡得到情感的共鳴，鏡像神經元會發育不良，情感共鳴反應的能力就很難被活化了[3]。

共鳴能力可以理解他人的喜悅和悲傷、憤怒和惋惜等感情，創造出作爲共同體生活的實踐動力。個人透過共鳴能力，還可以爲改變共同體做出貢獻。透過人際關係的相互作用，引導出相互幫助和支持而實踐的行動，最終爲自己生活的社會共同體創造幸福。鏡像神經元的發展和共鳴能力，可以說是爲了共同生活而必須具備的能力。

我們的大腦記得自己說話和表達的事實，但像膠捲一樣儲存的是別人眼中的我的表情和言語。**青少年會記得父母看著自己時的表情、行動和對話。然後透過這些記憶來認識自己、定義自己。**如果父母看著自己時經常感到悲傷，就會認爲「原來我是帶給別人悲傷的人」，並就此定義自己。相反地，如果父母看到自己時是高興的，就會定義自己是個「帶來幸福與快樂的人」。

因此，如果父母經常對著青春期青少年說出積極的話，就會成爲儲存在子女的記憶裡，在未來人生中化爲努力生活的力量。

注釋

① 臺灣《民法》七歲以上，未滿十八歲爲有限制行爲能力之未成年人（原爲二十歲，自民國一一二年一月一日起修訂爲滿十八歲即爲成年人）。

② 尤阿希姆·鮑爾（Joachim Bauer）著《你的心情不好，我知道》（Warum ich fühle, was du fühlst. Intuitive Kommunikation und das Geheimnis der Spiegelneurone），P.17～18。

③ 引自上述同一本書，P.69。

後記

尋找新道路的美麗青春期

四月中旬，山上開滿了各種各樣的春花。

在下山的路上看到了約莫小學六年級或國中一年級的青少年和爸爸媽媽一家人。山路平凡但美麗，溪水從岩石縫隙中流淌下來，到處充滿生氣。這時青少年把目光轉向路邊的岩石，率先邁出一步。

「哎呀，危險！跟著爸爸走吧！」

孩子裝作沒聽見，仍然順著岩石往溪谷方向走去。父母的嘮叨隨之而來。

「你那樣要是受傷了怎麼辦？」
「你為什麼都不聽話？」

孩子不發一語。

走了自己想走的路，所以能忍受父母的嘮叨嗎？還是因爲心裡已經受傷，但這種事司空見慣，所以習慣性隱忍呢？

但我更想知道，那條看起來比較不好走的路，爲何會吸引孩子的心？

看著搖曳的樹木，我的心裡產生了很多想法。

向青春期青少年父母提議

從出生到青春期，孩子好好地成長了十多年。

從現在開始，請父母多相信孩子，也請相信養育孩子的自己。建議大家一點一點地抬起眼睛，環顧一下孩子生活的世界。請經常仰望耀眼的天空，看看穿透結冰土地長出的幼苗，倚著讓人感受到季節變化的樹木，然後和孩子一起聽著雨聲喝杯茶，認眞地看著孩子。

請告訴孩子：「謝謝你來到我們身邊。」對孩子說：「現在你長大了，可以暢所欲言。」如果和孩子溝通不良，時有爭執，希望能抽出時間，一起坐火車去陌生的地方旅行。

在孩子的青春期教育中，最重要的是父母也要有屬於自己的時間，關於孩子的問題就尋求孩子的意見。因爲青春期是爲了離開父母獨立生活，而培養身體和心靈力量的時期。

和孩子一起度過幸福的時光是最重要的未來教育。在全新成長的美麗青春期，希望可以進一步理解自己的孩子，學習和練習表達想法的對話方法。

因爲愛得深，反而無法說出愛。有時，還會說出違背內心的狠毒話語，讓親子關係出現裂痕。爲了收回從口中說出的話，悲傷反而會湧入，造成反效果。

儘管如此，時間還是站在父母這邊的。因爲父母可以等待孩子成長。只要多傾聽孩子的話，再把自己想說的話慢慢地、柔和地表達出來吧。

「謝謝你來到這個世界。」

「謝謝你成長得這麼好。」

謝謝正在閱讀這本書的父母們，辛苦了。

Eurasian Publishing Group
圓神出版事業機構
用心與你對話．視野無限寬廣
圓神出版社
Eurasian Press

www.booklife.com.tw　　reader@mail.eurasian.com.tw

天際系列 026

孩子長大，你的說話方式也要跟著成長：召喚奇蹟的青春期對話法

作　　者／朴美子
譯　　者／馮燕珠
發 行 人／簡志忠
出 版 者／圓神出版社有限公司
地　　址／臺北市南京東路四段50號6樓之1
電　　話／（02）2579-6600 · 2579-8800 · 2570-3939
傳　　真／（02）2579-0338 · 2577-3220 · 2570-3636
副 社 長／陳秋月
主　　編／賴真真
責任編輯／吳靜怡
校　　對／吳靜怡 · 沈蕙婷
美術編輯／蔡惠如
行銷企畫／陳禹伶 · 林雅雯
印務統籌／劉鳳剛 · 高榮祥
監　　印／高榮祥
排　　版／陳采淇
經 銷 商／叩應股份有限公司
郵撥帳號／ 18707239
法律顧問／圓神出版事業機構法律顧問　蕭雄淋律師
印　　刷／國碩有限公司
2025年2月　初版

定價 370 元　　ISBN 978-986-133-959-7　

青少年會記得父母看著自己時的表情、行動和對話。然後透過這些記憶來認識自己、定義自己。如果父母經常對著青春期青少年說出積極的話，就會成爲儲存在子女的記憶裡，在未來人生中化爲努力生活的力量。

——《孩子長大，你的說話方式也要跟著成長》

國家圖書館出版品預行編目資料

孩子長大，你的說話方式也要跟著成長：召喚奇蹟的青春期對話法／
朴美子 著；馮燕珠 譯.
-- 初版. -- 臺北市：圓神出版社有限公司，2025.02
256 面；14.8×20.8公分. -- (天際系列；26)
譯自：사춘기, 기적을 부르는 대화법
ISBN 978-986-133-959-7(平裝)
1.CST：青春期　2. CST：親子溝通　3.CST：子女教育
528.2　113018908